JN156606

小学校 算数
「学び合い」を成功させる課題プリント集

西川 純・木村 薫
編著

4
年生

70周年
東洋館出版社

本書の特徴

『学び合い』は成績が上がります。特に、全国学力テスト（全国学力・学習状況調査）の点数は驚異的に上がります。

ある小学校をサポートしました。『学び合い』の良さを分かっていただき、学校全体として『学び合い』に取り組むようになりました。その後、新しい校長が赴任してきました。その校長は以前より『学び合い』の授業を参観している方で、その良さを分かっていただいています。そこでの会話です。

校長：『学び合い』の良さは分かりますが、学力は上がらないですね？

私：それは前校長も、先生方も学力を上げることを求めなかったからです。

校長：成績で結果を出さなければ、駄目ですよ。

私：私自身は以前より成績を上げようと提案したのですが、人間関係の向上に先生方の意識が向いていて乗り気になっていただけませんでした。本当は、さらに一歩高い人間関係をつくるには成績向上を目指さなければなりません。校長がお望みならば、是非、やらせてください。
ただし、最初にお伺いします。校長が向上をお望みの学力とは何ですか？ 具体的には、平常の単元テストですか？ 県配信テストですか？ 全国学力テストですか？

校長：全国学力テストです。

私：分かりました。3つのことをやっていただければ、向上させることをお約束します。
第一に、校長先生が職員に全国学力テストの点数を上げることを求め、納得させてください。これは我々にはできません。
第二に、職員の方々が子どもたちに全国学力テストの点数を上げることを求めてください。つまり、このことを本気でやっていただくように校長から職員の方々を納得させてください。
第三に、我々が課題をつくります。『学び合い』でそれを使ってください。

校長：分かりました。

その結果、全国学力テストを受けないクラスも含めて、先生方は子どもたちにテストの点数を上げるように求めました。

一年後。全国学力テストで約20ポイントの向上が見られました。数ポイントで一喜一憂している方々にはビックリですね。その他の学年のクラスでもNRTや単元テストの点数が10ポイント以上の向上が見られました。

すべては私が校長に求めた3つがポイントなのです。

まず、第三のポイントを説明いたします。

全国学力テストの通過率を調べると、それほど難しくないのに通過率が低い問題があります。どんな問題でしょうか？

記述する問題です。

単に計算するという問題の場合、普段の単元テストの成績と一致しています。ところが、記述問題になったとたんに通過率が低くなります。何故かといえば、普段の授業でも単元テストでも、そのような問題は解答に時間がかかるので避けられる傾向があります。だから、子どもたちは経験していないのです。

ところが全国学力テストＢ問題は、Ａ問題とは異なりただ答えを出すだけでなく、記述式で「〜わけを、言葉や式をつかって書きましょう。」という、解き方を言葉や式で表現する問題が数多く出題されます。

解き方や公式を機械的に覚えていけば簡単な計算問題などには対応することができます。しかし、答えを出すだけでなく、なぜそうなるのかを表現しなければならないのです。記述式問題になると、正答率は５割程度になってしまいます。無答率はおおむね１割に満たない程度です。何を聞かれていて、何を書けばよいか分からないけれどとりあえず何か書いておく、または何も書かないというようになってしまうのです。それには、やはり、日々の授業中においてその計算の仕方や、公式の意味、出てくる数値の意味を記述していくといった練習を数多くこなす必要があります。

本課題集には記述問題を多く入れました。それらは大きく分けて二つに分かれます。

第一に、問題の解き方などを記述させる問題です。例えば、以下のような問題です。

❷ 6＋8のけいさんのしかたをことばでかきましょう。3にんにせつめいし、なっとくしてもらえたらサインをもらいましょう。

［けいさんのしかた］

しかし、問題のレベルが高い場合、どう書けばいいか成績上位層でも迷うことがあります。そこで第二のタイプの問題を用意しました。先に解を与えて、なぜそうなるかを問う課題を与えるということです。漠然と説き方を聞かれても、分からない子は分かりません。なので、先に解を与え、その過程を考えさせるのです。今までは、わけの分からない時間を経て、公式や解き方を覚えていました。それを先に公式や、答えが分かり、それはどう導けるかを考えるようにしていくのです。塾や通信教育で学んでいる子どもも、公式や解き方は覚えていますが、なぜそうなるかということまでは学んでいないことが多いのです。このことを踏まえた課題に取り組むことによって、一つ一つの計算の仕方の意味や、公式の意味、数値の意味を理解して言葉でまとめるといったことができるようになってきます。

❷ 48－4＝44になります。このけいさんのしかたをかきましょう。ただし「十のくらい」「一のくらい」ということばをつかいましょう。3人にせつめいし、なっとくしてもらえたらサインをもらいましょう。

ともだちのサイン

このような記述式に対応する力は、低学年、中学年ではあまり扱われません。しかし、それらの力が算数において重要な力であることは言うまでもないことです。式の意味や計算の仕方を言葉で書いたり、

説明したりする活動を多くこなすことによって、なぜそうなるかを考える習慣を身に付けたり、言葉や式で表現することに抵抗感なく取り組めるようになったりすることができます。また、理由を言語化してみる、人に伝わる形で表してみるということは、自身の理解を確かにしていくことに大いに役に立ちます。あやふやなことを、文章にしていくことや人に伝えていくことによって、より正確な理解へとつながっていくのです。

本書は、『学び合い』を成功させる課題プリント集で、日々の授業で使っていただくことを想定しています。課題は、「～ができる、～を解くことができる」というものだけではありません。多くが、「～を解き３人に説明し、納得してもらえたらサインをもらう」「式の意味や計算の仕方を言葉で書き、書いたものを３人に説明し納得してもらえたらサインをもらう」というものです。

問題解決的な授業として、教科書を見せずに、漠然と「計算の仕方を考えよう」と教師が提示して「自力解決」を促し、その後全体で交流する、といった授業も行われています。しかし、これでは、分からない子は分からないまま自力解決のときには、ボーッとしています。結局「自力解決」できるのは、塾や通信教育で学校の授業を先に勉強している子どもだけです。その子たち数人が、教師に解き方を説明し、教師はそれを笑顔でうなずきながら板書をします。分からなかった子どもたちは、何かよく分からないまま、教師が板書したことをノートに写します。そして、よく意味も分からない公式や計算の仕方をこういうものだと思い、なんとなく覚えていくのです。

このような授業は、誰の役にも立っていません。分かる子は、もっと分かっている教師に説明しているだけです。分からない子は分からないままです。

では、どうすればよいのか。

先に述べたとおり、解き方を文章化したり、友達に伝えたりすることによって、理解を確かなものにしていくことです。分からない子も、友達の説明を聞くことによって分かるようになっていきます。そして、最初は分からなかった子も「全員が説明できるようになる。」という課題のもと、自分の言葉で人に説明できるために学習に取り組んでいくのです。

まさに『学び合い』でやっていることです。

このように、言葉でまとめる練習をしたり、子ども同士で説明し合ったりという問題を数多く入れています。説明が正しければサインをもらえます。正しくないのにサインをしている姿は『学び合い』の「一人も見捨てない」に反していることを、教師は語らなければなりません。１時間ごとのめあても、「全員が～を説明できるようになる」と提示し、全員が課題を説明できるようになってほしいと願い、クラス全員で実行していきます。

全国学力テスト直前期に類似問題を数多く行うことによっても、もちろん点数の向上が見られます。しかし、低学年のうちから、言葉で説明するということを繰り返すことによっても、解き方を言葉や式で表現する問題に対応する力を伸ばしていくことができるのです。それ故、本課題集は年間を通して使えるようにしています。

本課題集を活用すれば全国学力テストで点数は上がります。しかし、驚異的な向上を望むならば、まだ足りません。
私は新校長に、以下を求めました。

第一に、校長先生が職員に全国学力テストの点数を上げることを求め、納得させてください。これは我々にはできません。
第二に、職員の方々が子どもたちに全国学力テストの点数を上げることを求めてください。つまり、このことを本気でやっていただくように校長から職員の方々を納得させてください。

全国学力テストの点数が上がらない最大の理由は、子どもたちがテストの点数を上げることに意味を持っていないからです。全国学力テストは平常の単元テストに比べて問題数が多く、記述式が多いのです。途中で「どうでもいい」と思う子が生まれるのは当然です。それらが無答に繋がります。
100点満点で90点の子どもを95点にするのは困難です。しかし、20点の子どもを50点にすることは容易いでしょう。要はその子がテストの点数を上げようと思い、食らいついていけばいいだけのことです。20点が50点に上がれば30点の上昇です。その子一人でクラス平均を1ポイント上げることができるのです。途中で投げ出す子どもを思い浮かべてください。かなりの上昇が期待できます。
何故、子どもが全国学力テストで点数を上げようとしないのでしょうか？ それは教師が全国学力テストの点数を上げたいと思っていないからです。もちろん点数が上がったらいいなとは思っているでしょうが、上げるために何かをすること、ましてや子どもに点数を上げることを求めることは「不浄」なように感じていると思います。
私だったら子どもたちに以下のように語るでしょう。

『陸上や水泳で、学校を代表して大会に参加する人もいるよね。そんな人は学校のために頑張るし、学校のみんなも応援するよね。みなさんは全国学力テストというテストを受けます。これはみなさん全員が参加する勉強の全国大会です。私はみなさんの勉強する姿を見てすごいと思っています。そのすごさを保護者に自慢したくてうずうずしています。この大会で全国優勝をしましょう！ 君たちならできると思います。この大会は団体戦です。一人の例外もなく結果を出したとき優勝できる。つまり、『学び合い』で大事にしている「一人も見捨てない」ということを徹底しているクラスが結果を出せます。つまり、仲間を大事にしている最高のクラスが優勝できるのです。みんなで優勝しましょう！』

実は全国学力テストの対策としては、詳細な分析を行った優れた類書があります（例えば、『TOSS算数PISA型スキル　No.15 学力B問題（改訂版）』（東京教育技術研究所））。しかし、本書は「記述できる。説明できる」の1点に焦点を当てています。理由はそれが全国学力テスト以外にも汎用性が高いからです。記述し、説明する能力が上がれば、それはNRTや単元テストにも影響する全般的な学力の基礎となるからです。第二に、あまり手を広げても、「伸びしろ」の大きい成績下位層にはそれほど影響がないと判断したからです。

もし、みなさんが1点でも多く取ろうと思い、記述式に慣れたクラスだったら、どれほどの結果を出せると思いますか？ 結果を出せるために手品の種は、たったこれだけです。これだけのことを徹底できれば結果を出せます。

本書の使い方

本書は、『学び合い』によって進めていきます。全員が課題を達成することを求め、子どもたちに力をつけさせていきます。

【準備するもの】

・本書の該当単元のワークシートのコピー人数分

・本書の該当単元のワークシートの答え 1、2 枚

・クラスの子どものネームプレート

本書のワークシートをコピーしたものを人数分用意します。また、答えも用意し、教室の前方や後方に置いておき、答え合わせをしたり、分からないときのヒントにできるようにしておきます。

誰ができて、誰がまだ考え中かを分かるようにネームプレートを使います。黒板にマグネットでできたネームプレートを貼り、できた人は、「まだ」の囲みから、「できた」の囲みに移すようにします。できていない子は「できた」の子に聞きに行けますし、できた子は「まだ」の子に教えに行くことができ、子ども同士の助け合いができるようになります。

【本書を利用した授業の流れ】

(時間は目安です。クラスの実態、課題の難易度によって変わります)

①スタート～ 5 分ぐらい　(教師が課題を伝える)

子ども同士が、問題に向き合い、考えたり、教え合ったり、説明し合ったりする時間を多く設けるために、教師が課題を伝える時間は５分以内にします。課題の内容は、あらかじめワークシートに記入してありますので、板書を書き写すといった手間も省きます。この語りでは、「一人も見捨てずに、全員が達成することが目標である」ことを伝えます。そして、そのためには、「分からないから教えて」と自分から動くことがいいことであるということを奨励します。

② 5 分ぐらい～ 30 分ぐらい (子どもが動き、グループでの学習が始まる)

最初は一人一人課題に取り組むために、あまり動きは見られないかもしれません。しかし、「時間内に全員が達成すること」を教師が伝えることによって、子どもたちは自分たちで考えてグループを作るようになります。友達のところに動く、「一緒にしよう」というような声かけ、すぐに課題に取り組む姿、「教えて」と助けを借りる姿、「大丈夫？ 分かる？」と友達を助けようとする姿などが見られたら、それを大きな声でクラス全体に広めましょう。

できた子は、３人に説明したり解答を見て丸つけをしたりします。その後、マグネットを動かし、まだ終わっていない子に教えにいきます。このとき、よく仲の良い子にばかり教えにいくなどグループが固定化することが考えられます。分からない子は、一人で分からないままということも見られます。教師は「全員達成をするためには、誰に教えにいったり、誰と交流したりすることがいいのかな」と伝えていきます。

③ 30 分ぐらい～ 40 分（めざせ、全員達成！）

残り 10 分程度になると課題を達成した子ども、達成していない子どもと分かれてきます。あまりネームプレートが動いていない場合は、終わっている子どもに向けて「みんなが分かるためにはどうしたらいいかな？」「いろいろなところにちらばるのもいいよね」と最後までみんなのためにできることをするよう声をかけます。

一方、ネームプレートが動いている子が多い場合は、「自分の考えを伝えれば伝えるほど、賢くなるし、友達のためにもなるよ」と、よりみんなが分かることを目指すような声かけを教師がするようにします。達成した子がほとんどで、達成していない子が数人となる場合があります。そのようなときには、「みんなも大勢の友達に囲まれたら勉強しにくいよね」「教えるだけじゃなくて、本当にみんなが分かるためにできることもあるよね」と言い、残りの時間を本当に分かるために使うように言葉かけをします。

例えば、「説明を紙を見ないで言えるようになるともっといいよね」や「違う問題を自分たちでつくって、計算の仕方を説明してみるのもいいよね」というように言葉かけをすることによって、課題が終わってしまい、教える相手がいない子どもも、友達と交流しながら、理解を確かなものにすることができます。

④ 40 分～ 45 分（成果の振り返り）

「全員達成」ができたかを振り返ります。学習のまとめはしません。ここで、学習のまとめをしてしまうと、最後に先生がまとめてくれるからと思い、『学び合い』に真剣に取り組まなくなります。従来のなんだかよく分からないけれど、まとめを覚えればよい授業と同じになってしまいます。まとめをしないからこそ、授業中の交流を通して、課題を「全員達成」してみんなで分かることを求めるのです。

課題を達成していない人がいたときには、次はどのようにすればよいかを子どもたちに考えさせます。そして、教師の「全員達成」をあきらめない気持ちを伝えます。

本書の問題は、株式会社教育同人社より発行している算数ドリルの問題を掲載（一部修正）しております。教育同人社様のご協力に感謝申し上げます。

もくじ

Part 1

『学び合い』を成功させる
課題プリント集

課題1 折れ線グラフと表

	めあて（GOAL）	課題
1	**全員が，折れ線グラフの読み方をせつ明することができる。**	❶ 横のじくは何を表していますか。また，たてのじくは，何を表していますか。 ❷ たてのじくの1めもりは，何度を表していますか。 ❸ 3月の気温は，何度ですか。 ❹ 気温が19度なのは，何月と何月ですか。 ❺ いちばん高い気温は何度で，それは何月ですか。 ❻ 気温のように，かわっていくものの様子を表すときは，折れ線グラフを使った方が分かりやすいです。その理由を3人にせつ明して，なっとくしてもらえたらサインをもらいましょう。
2	**全員が，折れ線グラフのかたむきとかわり方の関係をせつ明することができる。**	❶ 気温が上がっているのは，1月からいつまでですか。 ❷ 気温のかわり方がいちばん小さいのは何月から何月までですか。 ❸ 気温の上がり方がいちばん大きいのは，何月から何月の間ですか。また，何度上がっていますか。 ❹ 2月から8月までで，気温の上がり方がいちばん小さいのは，何月と何月の間ですか。 ❺ 8月から12月までで，気温の下がり方がいちばん小さいのは，何月と何月の間ですか。 ❻ 折れ線グラフのかたむきとかわり方の関係を3人にせつ明し，なっとくしてもらえたらサインをもらいましょう。
3	**全員が折れ線グラフをかき，グラフのとくちょうや気温のかわり方をせつ明することができる。**	❶ シドニーの1年間の気温のかわり方を，折れ線グラフに表してみましょう。 ❷ かいた折れ線グラフから，シドニーの気温のかわり方で，どんなことが分かりますか。 ❸ シドニーの気温のグラフに，東京の気温のグラフを重ねてかいてみましょう。 ❹ 重ねてかいた折れ線グラフから，分かったことを3つ以上，3人にせつ明し，なっとくしてもらえたらサインをもらいましょう。

4	**全員が，波線の印を使ったグラフをかくことができ，波線の意味をせつ明することができる。**	❶ 1日の気温のかわり方のグラフをかきましょう。 ❷ 波線を使ったグラフをかきましょう。 ❸ 波線の意味を，3人にせつ明し，なっとくしてもらえたらサインをもらいましょう。 ❹ 2つのグラフを見て，気づいたことを，3人にせつ明し，なっとくしてもらえたらサインをもらいましょう。
5	**全員が，棒グラフと折れ線グラフを重ね合わせたグラフの読み方を理かいし，グラフのとくちょうやけい向を読み取ることができる。**	右のグラフは，新がた県で8月6日から14日までの間に，ねっ中しょうで病院に運ばれた人数を棒グラフに，最高気温を折れ線グラフに，それぞれ表したものです。 ❶ 13日に運ばれたのは何人ですか。また，その日の最高気温は何度ですか。 ❷ 最高気温がいちばん高いのは，何日ですか。 ❸ 運ばれた人がいちばん少ないのは，何日ですか。 ❹ 最高気温のかわり方がいちばん大きいのは，何日と何日の間ですか。また，そのとき，運ばれた人はふえていますか，へっていますか。 ❺ 上のグラフから「最高気温が高い日は運ばれる人が多い」ということが分かります。それをグラフを使って3人にせつ明し，なっとくしてもらえたらサインをもらいましょう。
6	**全員が，2つの表を1つにまとめるメリットを，せつ明することができる。**	右の表は，1年1組の1週間の落とし物の記ろくです。 ❶ 落とし物のしゅるいごとの人数を，下の表に整理しましょう。 ❷ いちばん多い落とし物は何ですか。 ❸ しゅるいと場所の2つに目をつけて，人数を右下の表に書きましょう。 ❹ いちばん人数が多いのは，どこで何を落とした人ですか。 ❺ 2つの表を，1つにまとめるメリットを3人にせつ明し，なっとくしてもらったらサインをもらいましょう。

折れ線グラフと表 1

＿＿＿組＿＿＿番　氏名＿＿＿＿＿＿＿＿

GOAL

全員が，折れ線グラフの読み方をせつ明することができる。

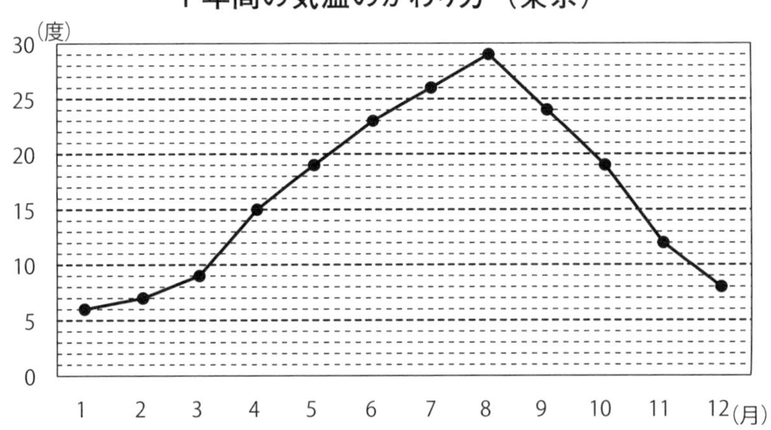

❶ 横のじくは何を表していますか。また，たてのじくは，何を表していますか。

❷ たてのじくの 1 めもりは，何度を表していますか。

❸ 3 月の気温は，何度ですか。

❹ 気温が 19 度なのは，何月と何月ですか。

❺ いちばん高い気温は何度で，それは何月ですか。

❻ 気温のように，かわっていくものの様子を表すときは，折れ線グラフを使った方が分かりやすいです。その理由を 3 人にせつ明して，なっとくしてもらえたらサインをもらいましょう。

友だちのサイン

折れ線グラフと表 2

＿＿＿組＿＿＿番　氏名＿＿＿＿＿＿＿＿

GOAL

全員が，折れ線グラフのかたむきとかわり方の関係をせつ明することができる。

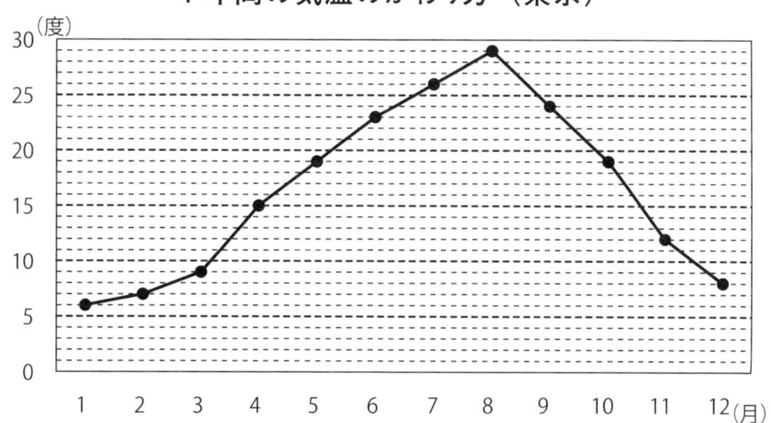

❶ 気温が上がっているのは，1 月からいつまでですか。

（　　　　　　　　　　　　　　　　　　　　）

❷ 気温のかわり方がいちばん小さいのは何月から何月まででですか。

（　　　　　　　　　　　　　　　　　　　　）

❸ 気温の上がり方がいちばん大きいのは，何月から何月の間ですか。また，何度上がっていますか。

（　　　　　　　　　　　　　　　　　　　　）

❹ 2月から8月までで，気温の上がり方がいちばん小さいのは，何月と何月の間ですか。

（　　　　　　　　　　　　　　　　　　　　）

❺ 8月から12月までで，気温の下がり方がいちばん小さいのは，何月と何月の間ですか。

（　　　　　　　　　　　　　　　　　　　　）

❻ 折れ線グラフのかたむきとかわり方の関係を 3 人にせつ明し，なっとくしてもらえたらサインをもらいましょう。

友だちのサイン

折れ線グラフと表 3

組　　番　氏名

GOAL

全員が折れ線グラフをかき，グラフのとくちょうや気温のかわり方をせつ明することができる。

❶ シドニーの1年間の気温のかわり方を，折れ線グラフに表してみましょう。

※1年間の気温のかわり方（シドニー）

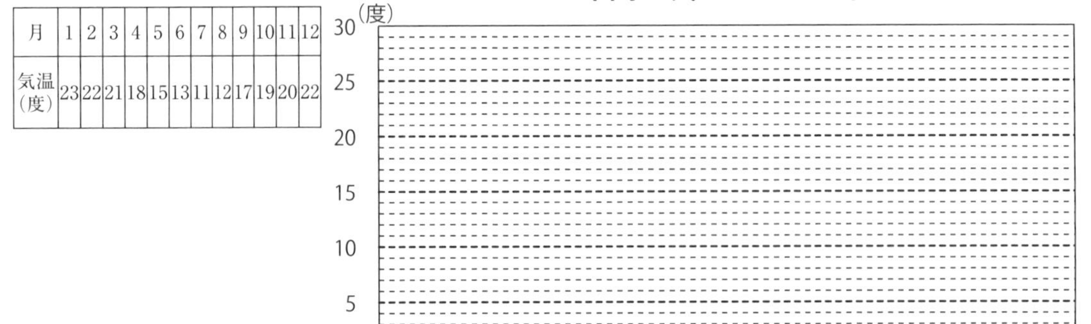

月	1	2	3	4	5	6	7	8	9	10	11	12
気温（度）	23	22	21	18	15	13	11	12	17	19	20	22

❷ かいた折れ線グラフから，シドニーの気温のかわり方で，どんなことが分かりますか。

❸ シドニーの気温のグラフに，東京の気温のグラフを重ねてかいてみましょう。

※1年間の気温のかわり方（東京）

月	1	2	3	4	5	6	7	8	9	10	11	12
気温（度）	6	7	9	15	19	23	26	29	24	19	12	8

❹ 重ねてかいた折れ線グラフから，分かったことを3つ以上，3人にせつ明し，なっとくしてもらえたらサインをもらいましょう。

友だちのサイン

折れ線グラフと表 4

組　　番　氏名

GOAL

全員が，波線の印を使ったグラフをかくことができ，波線の意味をせつ明することができる。

1日の気温のかわり方（東京4月）

時こく(時)	午前 8	9	10	11	午後 0	1	2	3	4	5
気温(度)	16	19	20	21	22	23	25	23	22	18

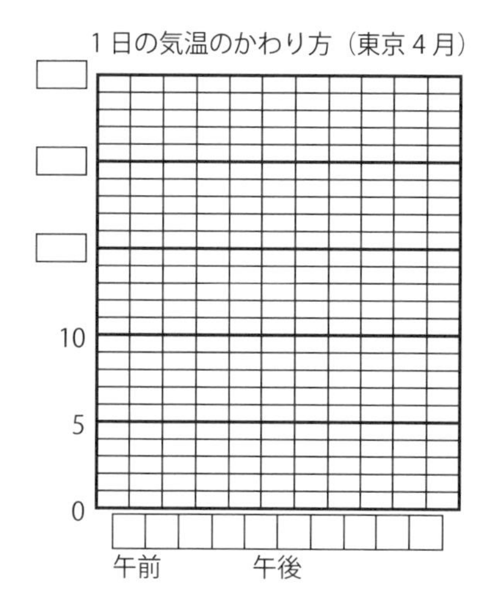

❶ 1日の気温のかわり方のグラフをかきましょう。

❷ 波線を使ったグラフをかきましょう。

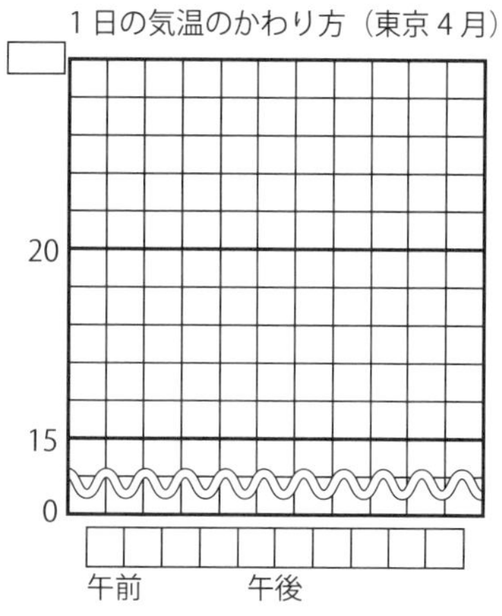

❸ 波線の意味を，3人にせつ明し，なっとくしてもらえたらサインをもらいましょう。

友だちのサイン

❹ 2つのグラフを見て，気づいたことを，3人にせつ明し，なっとくしてもらえたらサインをもらいましょう。

友だちのサイン

折れ線グラフと表5

＿＿組＿＿番　氏名＿＿＿＿＿＿＿＿

GOAL

全員が，棒グラフと折れ線グラフを重ね合わせたグラフの読み方を理かいし，グラフのとくちょうやけい向を読み取ることができる。

右のグラフは，新がた県で８月６日から14日までの間に，ねっ中しょうで病院に運ばれた人数を棒グラフに，最高気温を折れ線グラフに，それぞれ表したものです。

ねっ中しょうで病院に運ばれた人数と最高気温（新がた県８月）

（人）　（度）

病院に運ばれた人数：0　50　100　150　200

最高気温：0　32　33　34　35

最高気温

運ばれた人数

6　7　8　9　10　11　12　13　14（日）

❶ 13日に運ばれたのは何人ですか。また，その日の最高気温は何度ですか。

❷ 最高気温がいちばん高いのは，何日ですか。

（　　　　　　　　　　）

❸ 運ばれた人がいちばん少ないのは，何日ですか。

（　　　　　　　　　　）

❹ 最高気温のかわり方がいちばん大きいのは，何日と何日の間ですか。また，そのとき，運ばれた人はふえていますか，へっていますか。

□日と□日の間　　運ばれた人は（　　　　　　　　）

❺ 上のグラフから「最高気温が高い日は運ばれる人が多い」ということが分かります。それをグラフを使って３人にせつ明し，なっとくしてもらえたらサインをもらいましょう。

友だちのサイン

折れ線グラフと表 6

　　組　　番　氏名

GOAL

全員が，2 つの表を 1 つにまとめるメリットを，せつ明することができる。

右の表は，1 年 1 組の 1 週間の落とし物の記ろくです。

落とし物調べ（1 週間）

曜日	名前	しゅるい	場所
月	酒井	ハンカチ	校庭
	上田	えん筆	ろう下
	小川	消しゴム	教室
	田島	ぼうし	校庭
火	村山	えん筆	階だん
	野原	ハンカチ	校庭
	川上	消しゴム	教室
水	石田	えん筆	教室
	田中	消しゴム	ろう下
木	河村	えん筆	校庭
	木村	ハンカチ	階だん
金	坂井	えん筆	教室
	中島	消しゴム	階だん
	山本	えん筆	教室

❶ 落とし物のしゅるいごとの人数を，下の表に整理しましょう。

落とし物調べ

しゅるい	人数（人）	
ハンカチ	下	3
えん筆		
消しゴム		
ぼうし		
合計	14	

❷ いちばん多い落とし物は何ですか。

（　　　　　　　　　　）

❸ しゅるいと場所の 2 つに目をつけて，人数を右下の表に書きましょう。

❹ いちばん人数が多いのは，どこで何を落とした人ですか。

（　　　　　　　　　　）

❺ 2 つの表を，1 つにまとめるメリットを 3 人にせつ明し，なっとくしてもらったらサインをもらいましょう。

落とし物のしゅるいと場所（1 週間）

しゅるい＼場所	校庭		ろう下		教室		階だん		合計
ハンカチ	T	2		0		0	一	1	3
えん筆			一	1					
消しゴム					T	2			
ぼうし								0	
合計	4								14

友だちのサイン

課題2 角の大きさ

	めあて（GOAL）	課題
1	**全員が，直角を90に等分した1つ分の角の大きさが1度ということを，分度器を使ってせつ明することができる。**	❶ 分度器の小さい1めもりは，何度を表していますか。 ❷ 分度器のめもりをかんさつして，気づいたことをまとめましょう。 ❸ 半回転の角度は何度ですか。 ❹ 1回転の角度は何度ですか。 ❺ 直角を90に等分した1つ分の角の大きさが1度ということを，分度器を使って，3人にせつ明し，なっとくしてもらえたらサインをもらいましょう。
2	**全員が，分度器を使って角度をそく定することができる①。**	❶「あ」，「い」の角度は，それぞれ何度ですか。 ❷ A～Cのうちで，「う」の角度を正しくはかっているのはどれですか。 ❸ ❷のAはどうまちがえているのかを，3人にせつ明し，なっとくしてもらえたらサインをもらいましょう。
3	**全員が，分度器を使って角度をそく定することができる②。**	❶「え」，「お」，「か」，「き」の角度をはかりましょう。はかる前に，何度くらいか見当をつけてみましょう。 ❷「く」の角度をはかるときのくふうを，3人にせつ明し，なっとくしてもらえたらサインをもらいましょう。 ❸ 三角定規のそれぞれの角度をはかりましょう。
4	**全員が，180°より大きい角度のはかり方をせつ明することができる。**	「あ」の角度をくふうしてはかっています。 ❶ Aさんのはかり方のくふうを文章でまとめましょう。 ❷ Bさんのはかり方のくふうを文章でまとめましょう。 ❸「え」，「お」の角度をはかりましょう。 ❹「え」，「お」の角度のはかり方は，AさんとBさんのどちらの方ほうを使ったのかを，3人にせつ明し，なっとくしてもらえたらサインをもらいましょう。 ❺「か」と「き」の角度を分度器ではかり，計算してかくにんしましょう。

5	**全員が，分度器を使って角をかいたり，三角形をかいたりすることができる①。**	❶ 分度器を使って，60°の角をかきましょう。 ❷ 下の三角形をかきましょう。 ❸ 次の角をかきましょう。 ❹ 260°の角をくふうしてかき，そのくふうしたことを文章でまとめ，3人にせつ明し，なっとくしてもらえたらサインをもらいましょう。
6	**全員が，分度器を使って角をかいたり，三角形をかいたりすることができる②。**	❶ 下の三角形A，Bをかきましょう。 ❷ 1辺の長さを自分で決め，コンパスを使って正三角形をかきましょう。かいたら，3つの角の大きさをはかりましょう。 ❸ ❷の三角形のかき方を文章にまとめ，3人にせつ明し，なっとくしてもらえたらサインをもらいましょう。

角の大きさ 1

＿＿組＿＿番　氏名＿＿＿＿＿＿

GOAL

全員が，直角を 90 に等分した1つ分の角の大きさが 1 度ということを，分度器を使ってせつ明することができる。

❶ 分度器の小さい 1 めもりは，
何度を表していますか。

❷ 分度器のめもりをかんさつして，
気づいたことをまとめましょう。

❸ 半回転の角度は何度ですか。

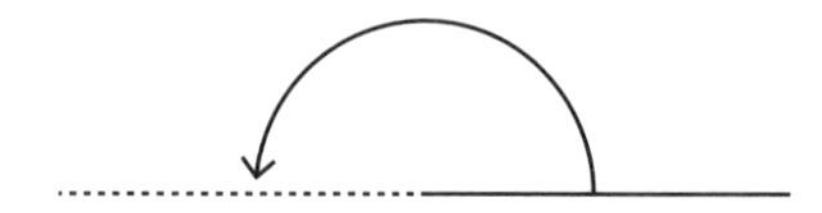

❹ 1 回転の角度は何度ですか。

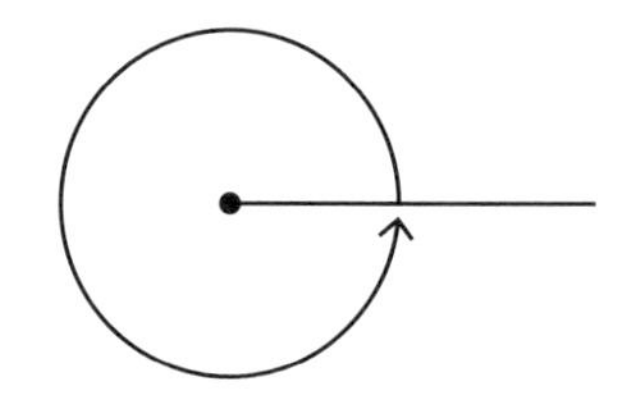

❺ 直角を 90 に等分した 1 つ分の角の大きさが 1 度ということを，分度器を使って，3 人にせつ明し，なっとくしてもらえたらサインをもらいましょう。

友だちのサイン

角の大きさ 2

組　　　番　氏名

GOAL

全員が，分度器を使って角度をそく定することができる①。

❶ 「あ」，「い」の角度は，それぞれ何度ですか。

あ（　　　　　）

い（　　　　　）

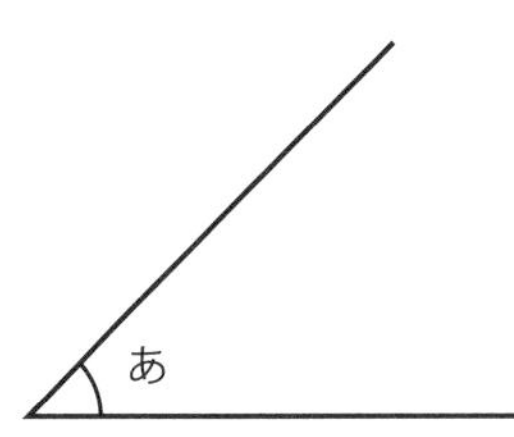

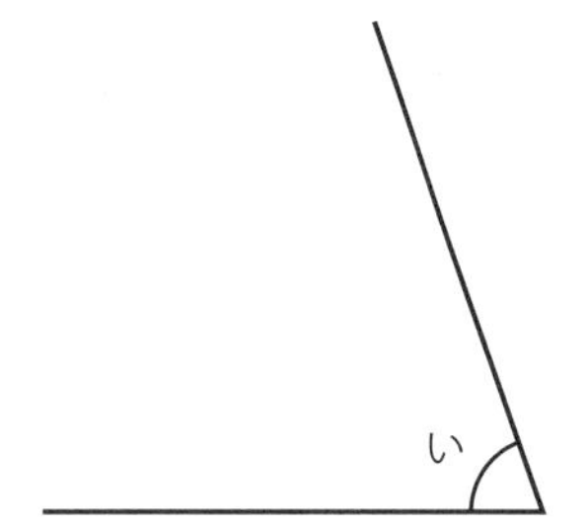

❷ A～C のうちで，「う」の角度を正しくはかっているのはどれですか。

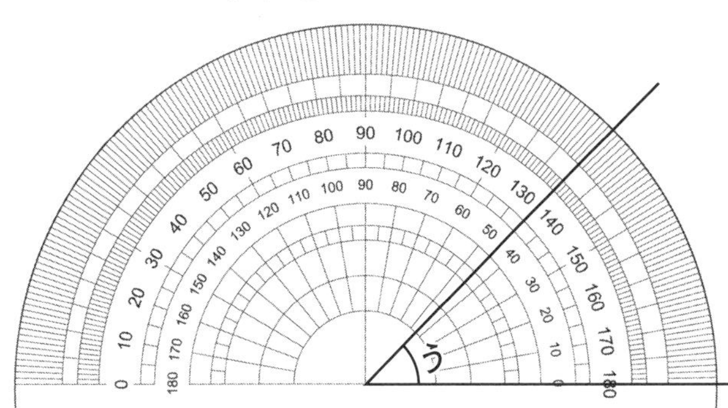

A『うは 135°です。』

B『うは 40°です。』

C『うは 45°です。』

❸ ❷の A はどうまちがえているのかを，3 人にせつ明し，なっとくしてもらえたらサイン をもらいましょう。

友だちのサイン			

角の大きさ3

組　　番　氏名

GOAL

全員が，分度器を使って角度をそく定することができる②。

❶ 「え」，「お」，「か」，「き」の角度をはかりましょう。
はかる前に，何度くらいか見当をつけてみましょう。

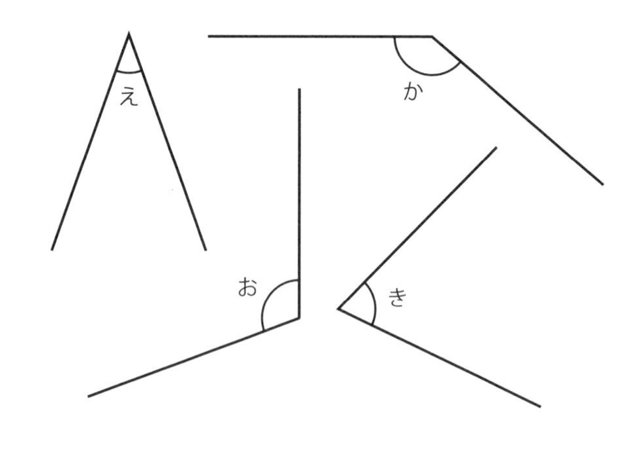

え：(　　　　　)

お：(　　　　　)

か：(　　　　　)

き：(　　　　　)

❷ 「く」の角度をはかるときのくふうを，3 人にせつ明し，
なっとくしてもらえたらサインをもらいましょう。

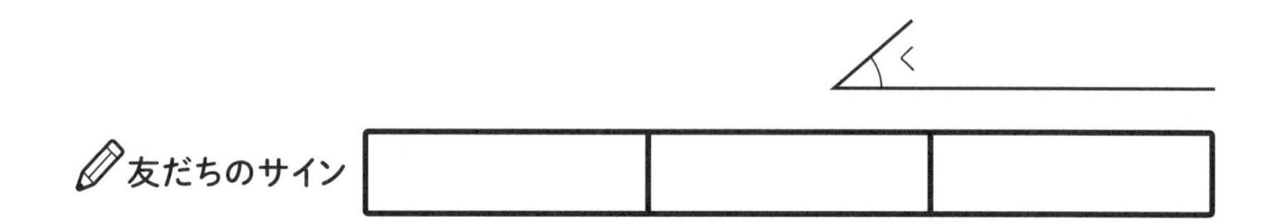

❸ 三角定規のそれぞれの角度をはかりましょう。

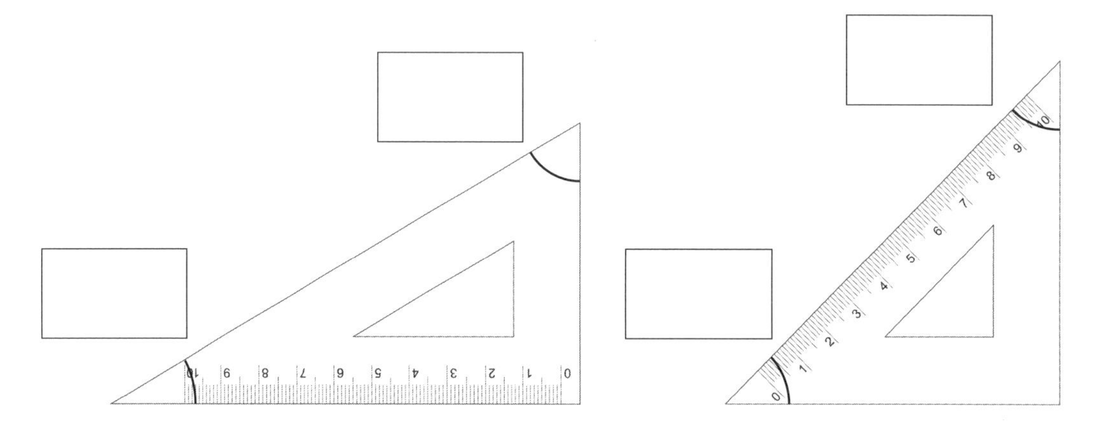

角の大きさ4

＿＿＿組＿＿＿番　氏名＿＿＿＿＿＿＿＿

GOAL

全員が，180°より大きい角度のはかり方をせつ明することができる。

「あ」の角度をくふうしてはかっています。

❶ A さんのはかり方のくふうを文章でまとめましょう。

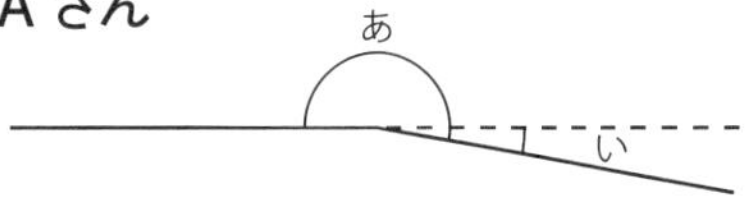

❷ B さんのはかり方のくふうを文章でまとめましょう。

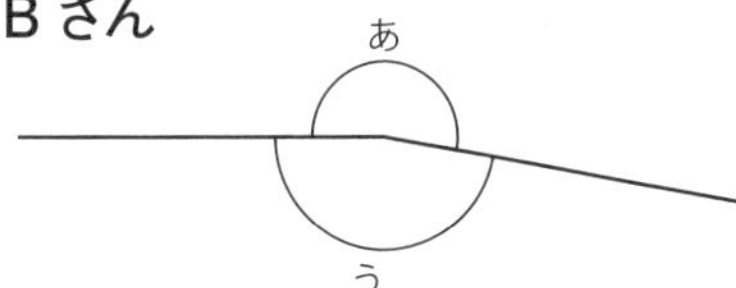

❸ 「え」,「お」の角度をはかりましょう。

え：(　　　　　)

お：(　　　　　)

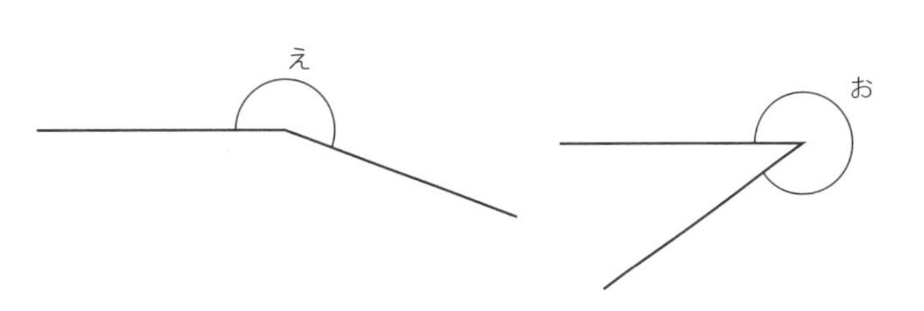

❹ 「え」,「お」の角度のはかり方は，A さんと B さんのどちらの方ほうを使ったのかを，3 人にせつ明し，なっとくしてもらえたらサインをもらいましょう。

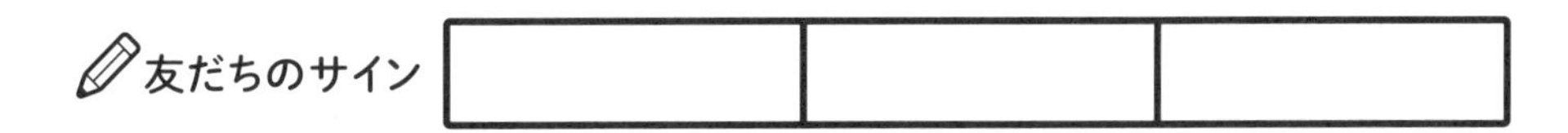

❺ 「か」と「き」の角度を分度器ではかり，計算してかくにんしましょう。

か：(　　　)　［ 式 ］＿＿＿＿＿＿＿＿

き：(　　　)　［ 式 ］＿＿＿＿＿＿＿＿

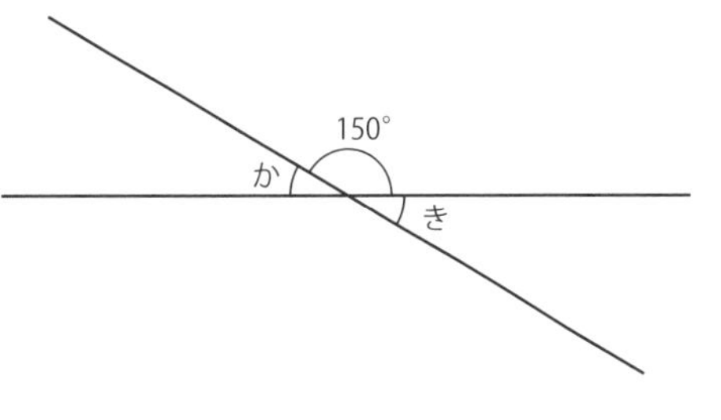

角の大きさ 5

＿＿組＿＿番　氏名＿＿＿＿＿＿

GOAL

全員が，分度器を使って角をかいたり，三角形をかいたりすることができる①。

❶ 分度器を使って，60°の角をかきましょう。

❷ 下の三角形をかきましょう。

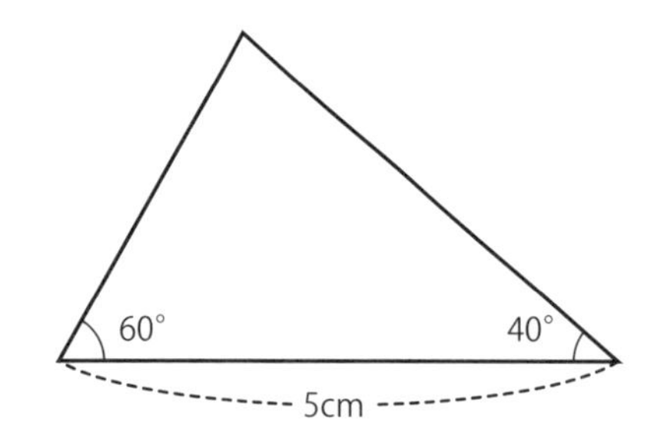

❸ 次の角をかきましょう。

50°　　　　130°　　　　175°

❹ 260°の角をくふうしてかき，そのくふうしたことを文章でまとめ，3人にせつ明し，なっとくしてもらえたらサインをもらいましょう。

友だちのサイン

角の大きさ 6

組　　番　氏名

GOAL

全員が，分度器を使って角をかいたり，三角形をかいたりすることができる②。

❶ 下の三角形 A，B をかきましょう。

A

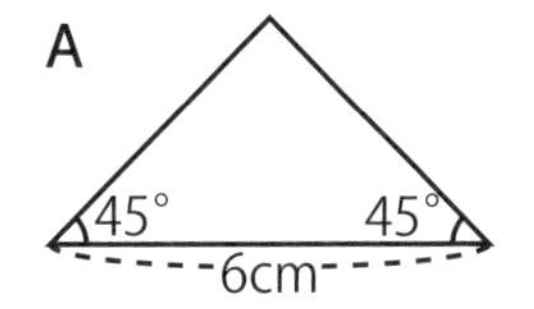

B

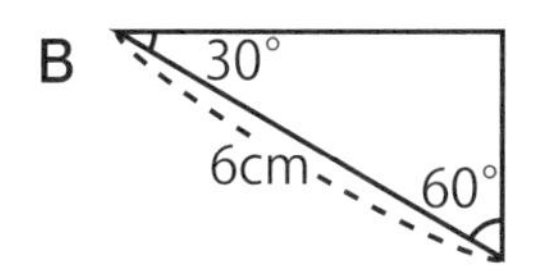

❷ 1 辺の長さを自分で決め，コンパスを使って正三角形をかきましょう。
かいたら，3 つの角の大きさをはかりましょう。

❸ ❷の三角形のかき方を文章にまとめ，3 人にせつ明し，なっとくしてもらえたらサインをもらいましょう。

友だちのサイン

課題3 わり算の筆算１

	めあて（GOAL）	課題
1	全員が，あまりのないわり算の計算の仕方をせつ明することができる①。	❶ 80まいの色紙を，4人で分けるときの式を書きましょう。 ❷ 下の3人のせつ明図から，それぞれの計算の仕方をまとめ，3人にせつ明し，なっとくしてもらえたらサインをもらいましょう。
2	全員が，あまりのないわり算の計算の仕方をせつ明することができる②。	❶ 右の図を見て，600 ÷ 3の計算の仕方を3人にせつ明し，なっとくしてもらえたらサインをもらいましょう。 ❷ 練習問題をときましょう。
3	全員が，筆算の仕方をせつ明することができる。	❶ 72 ÷ 3の筆算の仕方を，3人にせつ明し，なっとくしてもらえたらサインをもらいましょう。 ❷ 練習問題をときましょう。
4	全員が，あまりのあるわり算の，筆算の仕方をせつ明することができる①。	❶ 下の筆算のとき方でまちがっている理由を文章でまとめましょう。また，正しい計算を書きましょう。3人にせつ明し，なっとくしてもらえたらサインをもらいましょう。 ❷ 練習問題のわり算をして，けん算もしましょう。
5	全員が，あまりのあるわり算の，筆算の仕方をせつ明することができる②。	❶ 734 ÷ 5の筆算の仕方を，3人にせつ明し，なっとくしてもらえたらサインをもらいましょう。 ❷ 練習問題をときましょう。
6	全員が，あまりのあるわり算の，筆算の仕方をせつ明することができる③。	❶ 843 ÷ 4，619 ÷ 3の筆算の仕方を，3人にせつ明し，なっとくしてもらえたらサインをもらいましょう。 ❷ 練習問題をときましょう。 ❸ 216本のえん筆を，1人に2本ずつ配ると，何人に分けられますか。
7	全員が，何倍かを求めるには，わり算を用いればよいことを理かいする。	❶ 親のイヌの体長は150cmで，子どものイヌは30cmです。親のイヌの体長は子どもの何倍か，式を書いて答えを求めましょう。 ❷ 下の問題をときましょう。とき方を3人にせつ明し，なっとくしてもらえたらサインをもらいましょう。

8	**全員が，何倍がいくらになるかは，わり算を用いればよいことを理かいする。**	❶ 180cm の 3 倍にあたる大きさを数直線を使って計算しましょう。またその計算の仕方を3人にせつ明し，なっとくしてもらえたらサインをもらいましょう。 ❷ ❶の図を参考に，下の問題を作図してときましょう。とき方を 3 人にせつ明し，なっとくしてもらえたらサインをもらいましょう。

わり算の筆算１ 1

＿＿組＿＿番　氏名＿＿＿＿＿＿

GOAL

全員が，あまりのないわり算の計算の仕方をせつ明することができる①。

❶ 80 まいの色紙を，4 人で分けるときの式を書きましょう。

〔式〕

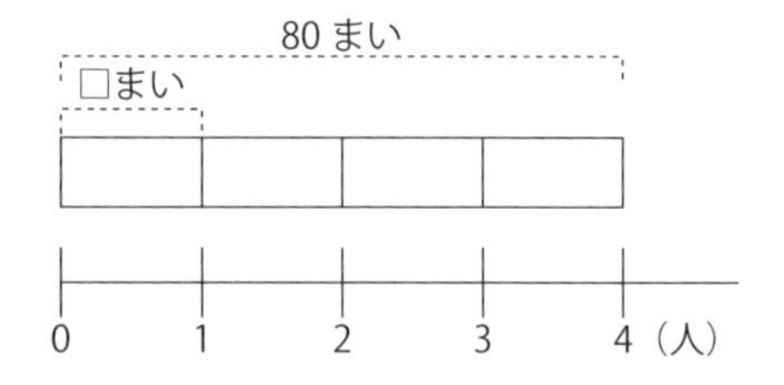

❷ 下の 3 人のせつ明図から，それぞれの計算の仕方をまとめ，3 人にせつ明し，なっとくしてもらえたらサインをもらいましょう。

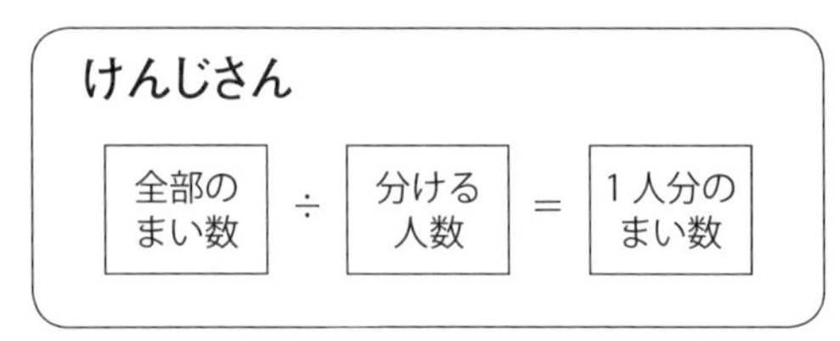

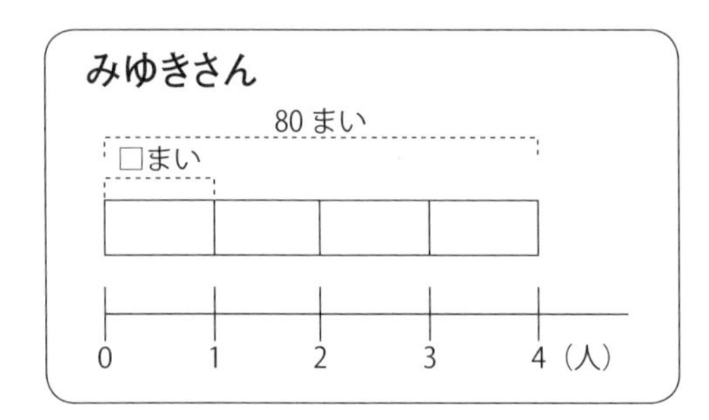

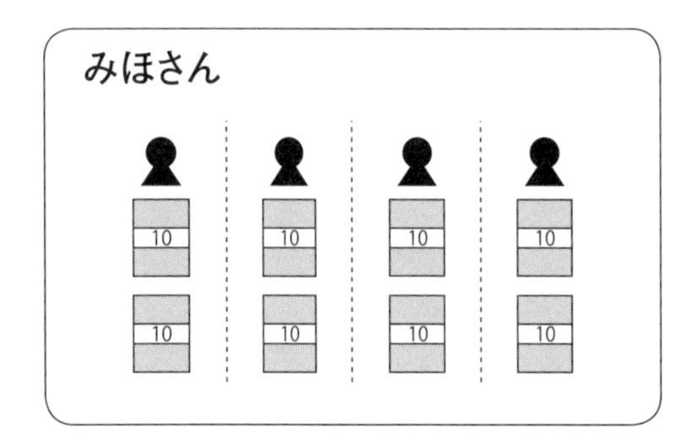

友だちのサイン

わり算の筆算１ 2

＿＿組＿＿番　氏名＿＿＿＿＿＿

GOAL

全員が，あまりのないわり算の計算の仕方をせつ明することができる②。

❶ 右の図を見て，600 ÷ 3 の計算の仕方を 3 人にせつ明し，なっとくしてもらえたらサインをもらいましょう。

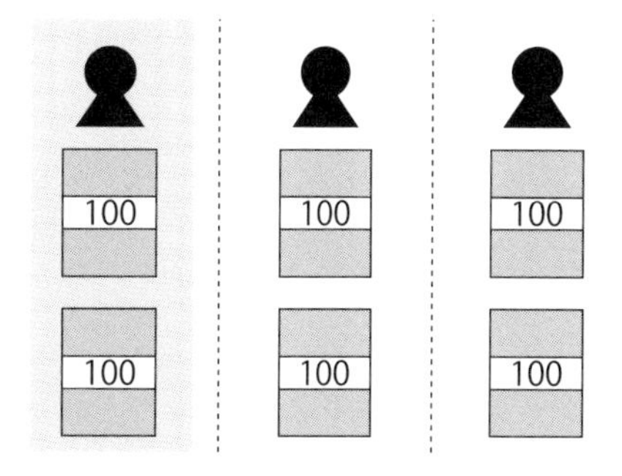

友だちのサイン

❷ 練習問題をときましょう。

$20 \div 2 =$　　$60 \div 3 =$　　$160 \div 4 =$

$350 \div 5 =$　　$350 \div 7 =$　　$400 \div 8 =$

$300 \div 2 =$　　$600 \div 3 =$　　$2500 \div 5 =$

$3600 \div 6 =$　　$2000 \div 4 =$　　$4000 \div 2 =$

わり算の筆算１ 3

＿＿組＿＿番　氏名＿＿＿＿＿＿

GOAL

全員が，筆算の仕方をせつ明することができる。

❶ 72÷3の筆算の仕方を，３人にせつ明し，なっとくしてもらえたらサインをもらいましょう。

$$\begin{array}{r} 24 \\ 3\,\overline{)\,72} \\ \underline{6} \\ 12 \\ \underline{12} \\ 0 \end{array}$$

友だちのサイン

❷ 練習問題をときましょう。

$4\overline{)\,56}$　　$3\overline{)\,84}$　　$5\overline{)\,95}$

$4\overline{)\,92}$　　$7\overline{)\,98}$　　$3\overline{)\,72}$

わり算の筆算１ 4

＿＿組＿＿番　氏名＿＿＿＿＿＿

GOAL

全員が，あまりのあるわり算の，筆算の仕方をせつ明することができる①。

❶ 下の筆算のとき方でまちがっている理由を文章でまとめましょう。また，正しい計算を書きましょう。３人にせつ明し，なっとくしてもらえたらサインをもらいましょう。

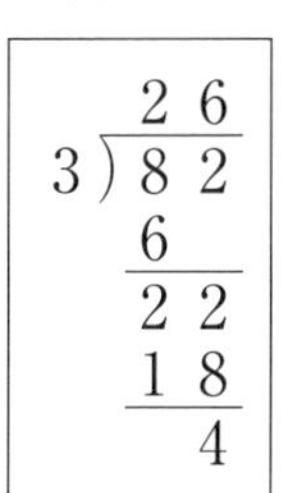

［ 正しい計算 ］

```
     1 9
4 ) 9 3
    4
    5 3
    3 6
    1 7
```

［ 正しい計算 ］

友だちのサイン

❷ 練習問題のわり算をして，けん算もしましょう。

97 ÷ 2 =

［ けん算 ］＿＿＿＿＿＿

87 ÷ 6 =

［ けん算 ］＿＿＿＿＿＿

85 ÷ 3 =

［ けん算 ］＿＿＿＿＿＿

69 ÷ 5 =

［ けん算 ］＿＿＿＿＿＿

わり算の筆算１ 5

＿＿組＿＿番　氏名＿＿＿＿＿＿＿＿

GOAL

全員が，あまりのあるわり算の，筆算の仕方をせつ明することができる②。

❶ 734 ÷ 5 の筆算の仕方を，3 人にせつ明し，なっとくしてもらえたらサインをもらいましょう。

［ 答え ］＿＿＿＿＿＿

友だちのサイン

❷ 練習問題をときましょう。

$6\overline{)809}$　　$8\overline{)991}$　　$3\overline{)822}$　　$5\overline{)630}$

$3\overline{)715}$　　$4\overline{)908}$　　$7\overline{)819}$　　$6\overline{)704}$

わり算の筆算１ 6

＿＿組＿＿番　氏名＿＿＿＿＿＿＿＿

GOAL

全員が，あまりのあるわり算の，筆算の仕方をせつ明することができる③。

❶ 843 ÷ 4，619 ÷ 3 の筆算の仕方を，3 人にせつ明し，なっとくしてもらえたらサインをもらいましょう。

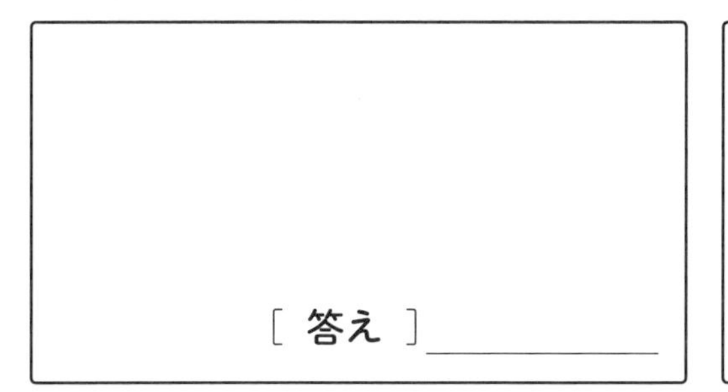

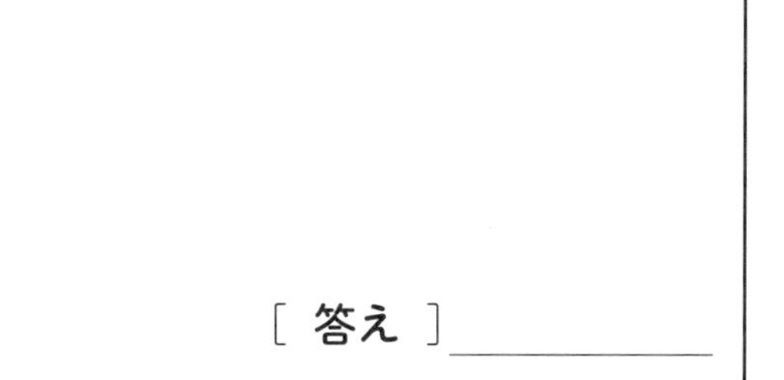

友だちのサイン

❷ 練習問題をときましょう。

4)851　　6)684　　7)918　　3)726

4)683　　2)960　　3)962

❸ 216 本のえん筆を，1 人に 2 本ずつ配ると，何人に分けられますか。

[式]＿＿＿＿＿＿＿＿　[答え]＿＿＿＿＿＿＿＿

わり算の筆算１ 7

＿＿組＿＿番　氏名＿＿＿＿＿＿＿＿

GOAL

全員が，何倍かを求めるには，わり算を用いればよいことを理かいする。

❶ 親のイヌの体長は 150cm で，子どものイヌは 30cm です。親のイヌの体長は子どもの何倍か，式を書いて答えを求めましょう。

150 cm
親の
イヌ
30 cm
子どもの
イヌ
0　1　□ 倍

［ 式 ］＿＿＿＿＿＿＿＿＿＿

［ 答え ］＿＿＿＿＿＿＿＿

❷ 下の問題をときましょう。とき方を 3 人にせつ明し，なっとくしてもらえたらサインをもらいましょう。

まさとさんの学級では，めだかをかっています。はじめは 4 ひきでしたが，今は 24 ひきいます。次の問題に答えましょう。

今のめだかの数は，はじめのときの何倍になりましたか。

［ 式 ］＿＿＿＿＿＿＿＿＿＿　［ 答え ］＿＿＿＿＿＿＿＿

4 ひきを 1 とみたとき，24 ひきはいくつにあたりますか。

［ 式 ］＿＿＿＿＿＿＿＿＿＿　［ 答え ］＿＿＿＿＿＿＿＿

友だちのサイン

わり算の筆算１ 8

＿＿組＿＿番　氏名＿＿＿＿＿＿

GOAL

全員が，何倍がいくらになるかは，わり算を用いればよいことを理かいする。

❶ 180cm の 3 倍にあたる大きさを数直線を使って計算しましょう。またその計算の仕方を 3 人にせつ明し，なっとくしてもらえたらサイン をもらいましょう。

□cm

180 cm

0　1　2　3 倍

［ 式 ］＿＿＿＿＿＿＿＿

［ 答え ］＿＿＿＿＿＿＿＿

友だちのサイン

❷ ❶の図を参考に，下の問題を作図してときましょう。とき方を 3 人にせつ明し，なっとくしてもらえたらサインをもらいましょう。

電車の子ども料金は 540 円で，大人料金は，子ども料金の 2 倍です。大人料金はいくらですか。答えが出たら，けん算もしましょう。

［ 式 ］＿＿＿＿＿＿＿＿

［ 答え ］＿＿＿＿＿＿＿＿

［ けん算 ］＿＿＿＿＿＿＿＿

課題4 垂直・平行と四角形

めあて（GOAL）		課題
1	**全員が，さまざまな図から垂直を見つけられ，その意味をせつ明することができる。**	❶ 右の図１で，２本の直線が交わってできる角の中に直角があるのは，ア～ネのうちどれですか。 ❷ 右の図２で，㋐の直線をのばすと，㋑の直線とどのように交わりますか。 ❸ 右の図３で，㋒の直線に垂直な直線はどれですか。 ❹「垂直」の意味を３人にせつ明し，なっとくしてもらえたらサインをもらいましょう。
2	**全員が，２まいの三角定規を使って，垂直な直線をひくことができる。**	❶ ２まいの三角定規を使って，点Ｂを通り，㋑の直線に垂直な直線をひきましょう。 ❷ ㋒と㋓の直線に垂直な直線を３本ずつひきましょう。 ❸ ２まいの三角定規を使った垂直な直線のひき方を，３人にせつ明しながらひき，なっとくしてもらえたらサインをもらいましょう。
3	**全員が，さまざまな図から平行を見つけられ，その意味をせつ明することができる。**	❶ 右図の①で，㋒の直線に垂直な直線はどれですか。 ❷ 上図①～③から平行になっている直線を見つけましょう。３人にせつ明し，なっとくしてもらえたらサインをもらいましょう。 ❸ 右図で㋠と㋡の直線は平行ですか。㋠の直線をのばして調べましょう。 ❹ 右図で，平行になっている直線はどれとどれですか。 ❺ 右の四角形 ABCD は長方形です。辺 AB と垂直な辺はどれですか。また，辺 AB と平行な辺はどれですか。

4	**全員が，平行な直線はほかの直線と等しい角度で交わることや，平行な直線の間のきょりは一定であることをせつ明することができる。**	❶ 下の3本の平行な直線に，自分でもななめに交わる直線をひいて，横の直線と交わる角度が同じになるか調べましょう。 ❷ 右の図の㋕と㋖の直線，㋗と㋘の直線は，それぞれ平行です。あ，い，う，え，おの角度は，それぞれ何度ですか。分度器を使わずに，計算で求めてみましょう。 ❸ 右の㋐と㋑の直線は平行です。㋐と㋑の直線に垂直な直線を何本かひいて，㋐と㋑の直線のはばが同じ長さになるか調べましょう。 ❹ 平行な直線はほかの直線と等しい角度で交わることや，平行な直線の間のきょりは一定であることを，3人に作図をしながらせつ明し，なっとくしてもらえたらサインをもらいましょう。
5	**全員が，三角定規を使って，平行な直線をひくことができる。**	❶ 2まいの三角定規を使って，点Aを通り㋐の直線に平行な直線をひきましょう。 ❷ 2まいの三角定規を使って，㋑の直線に平行な直線を2本ひきましょう。 ❸ 2まいの三角定規を使って，平行な直線がひけるわけを考え，3人にせつ明し，なっとくしてもらえたらサインをもらいましょう。
6	**全員が，四角形をなかま分けをしながら，台形と平行四辺形の意味をせつ明することができる。**	❶ 平行な直線の組みの数に目をつけて，①～⑨の四角形を3つのなかまに分けてみましょう。 ❷ 方眼を使って，平行四辺形をかきましょう。 ❸ 下の直線は平行です。これを使って，台形をかきましょう。 ❹ 台形と平行四辺形の意味を，3人にせつ明し，なっとくしてもらえたらサインをもらいましょう。

7	**全員が，①辺の位置関係，②辺の長さ，③角の大きさなどの平行四辺形のせいしつをせつ明することができる。**	❶ コンパスや分度器を使って，平行四辺形の向かい合った辺の長さや角の大きさが等しいことをかくにんしましょう。 ❷ 右の平行四辺形で，辺 AD，辺 CD の長さは何 cm ですか。また，角 C，角 D の大きさは何度ですか。 ❸ 長方形と平行四辺形の同じところと，ちがうところをまとめましょう。 ❹ 平行四辺形のせいしつを，3 人にせつ明し，なっとくしてもらえたらサインをもらいましょう。
8	**全員が，平行四辺形の意味やせいしつを用いた，平行四辺形のかき方をせつ明することができる。**	❶ 右の図のような平行四辺形をかくとき，下の図のような手順ですすめます。頂点 D の位置を決めるには，下の 2 つの方ほうがあります。それぞれの方法を 3 人にせつ明し，なっとくしてもらえたらサインをもらいましょう。 ❷ 右に上の図の平行四辺形 ABCD をかきましょう。 ❸ となり合う辺の長さが 3cm，5cm の平行四辺形をかきましょう。
9	**全員が，①辺の位置関係，②辺の長さ，③角の大きさなどのひし形のせいしつをせつ明することができる。**	❶ ひし形の辺のならび方や角の大きさには，どんなとくちょうがありますか。文章と作図でまとめましょう。 ❷ 右のひし形で，辺 CD，辺 AD の長さは何 cm ですか。また，角 A，角 D の大きさは何度ですか。そのとき方を，3 人にせつ明し，なっとくしてもらえたらサインをもらいましょう。 ❸ 右の図のように，半径が等しい円を 2 つかき，交わった点と円の中心を直線で結ぶと，ひし形ができます。そのわけをせつ明しましょう。 ❹ 右の図のようにして，1 辺の長さが 4cm のひし形をかきましょう。

垂直・平行と四角形 1

＿＿＿組＿＿＿番　氏名＿＿＿＿＿＿＿＿＿＿

GOAL

全員が，さまざまな図から垂直を見つけられ，その意味をせつ明することができる。

❶ 右の図１で，２本の直線が交わってできる角の中に直角があるのは，ア～ネのうちどれですか。

図１

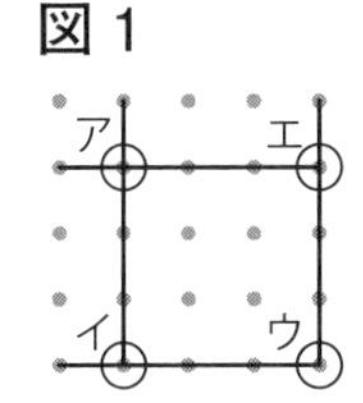

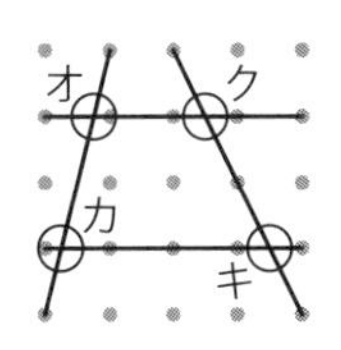

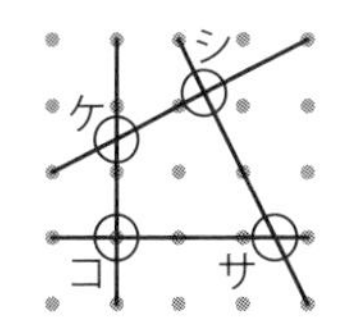

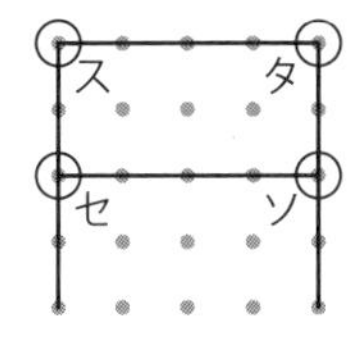

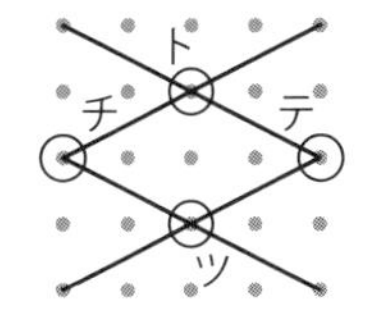

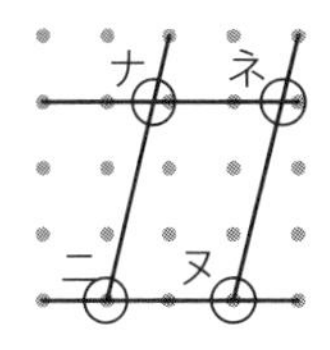

❷ 右の図２で，㋐の直線をのばすと，㋑の直線とどのように交わりますか。

＿＿＿＿＿＿＿＿＿＿＿＿＿＿＿＿

図２

㋐

㋑

❸ 右の図３で，㋒の直線に垂直な直線はどれですか。

＿＿＿＿＿＿＿＿＿＿＿＿＿＿＿＿

図３

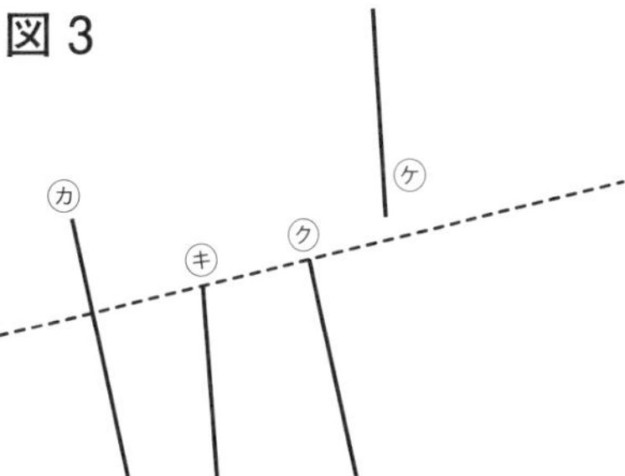

❹ 「垂直」の意味を３人にせつ明し，なっとくしてもらえたらサインをもらいましょう。

友だちのサイン

垂直・平行と四角形2

＿＿＿組＿＿＿番　氏名＿＿＿＿＿＿＿＿

GOAL

全員が，2まいの三角定規を使って，垂直な直線をひくことができる。

❶ 2まいの三角定規を使って，点Bを通り，㋑の直線に垂直な直線をひきましょう。

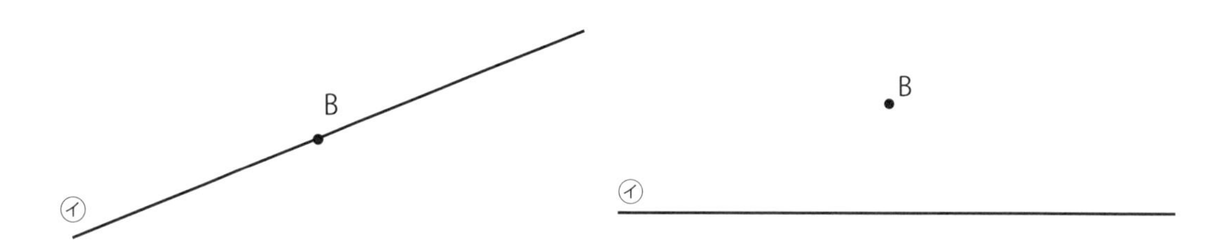

❷ ㋒と㋓の直線に垂直な直線を3本ずつひきましょう。

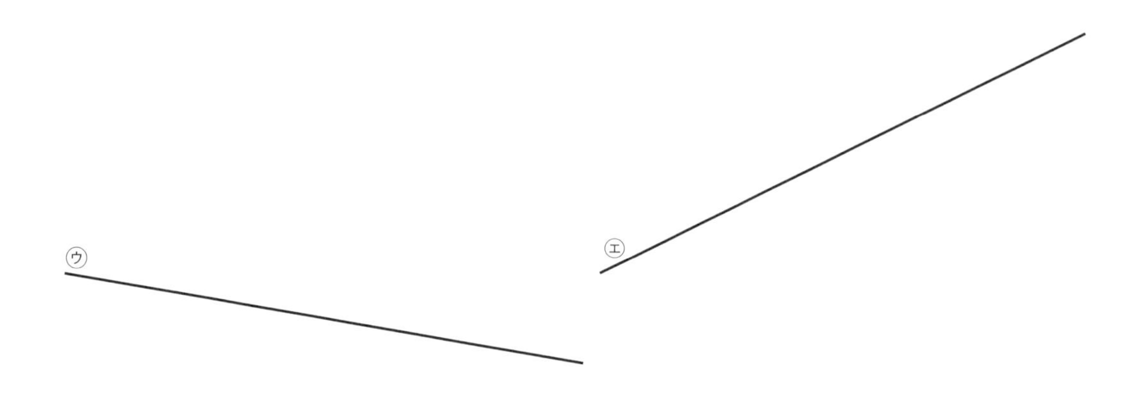

❸ 2まいの三角定規を使った垂直な直線のひき方を，3人にせつ明しながらひき，なっとくしてもらえたらサインをもらいましょう。

友だちのサイン

垂直・平行と四角形 3

______組______番　氏名__________________

GOAL

全員が，さまざまな図から平行を見つけられ，その意味をせつ明することができる。

❶ 右図の①で，㋒の直線に垂直な直線はどれですか。

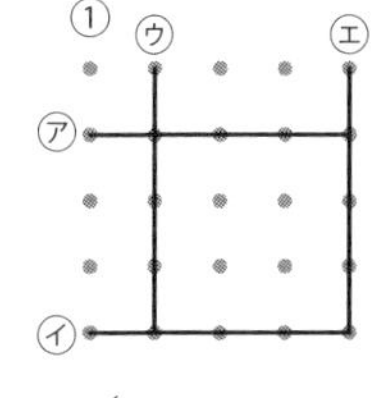

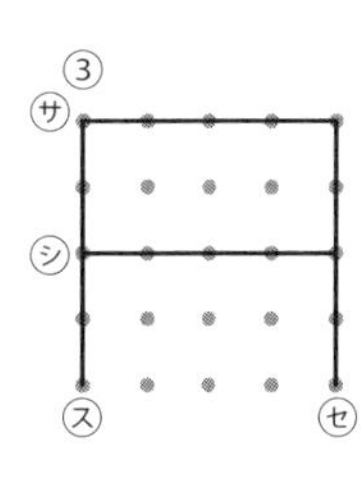

____

1 本の直線に垂直な 2 本の直線は，（　　　　　　）であるという。

❷ 上図①～③から平行になっている直線を見つけましょう。3 人にせつ明し，なっとくしてもらえたらサインをもらいましょう。

____

❸ 右図で㋠と㋡の直線は平行ですか。㋠の直線をのばして調べましょう。

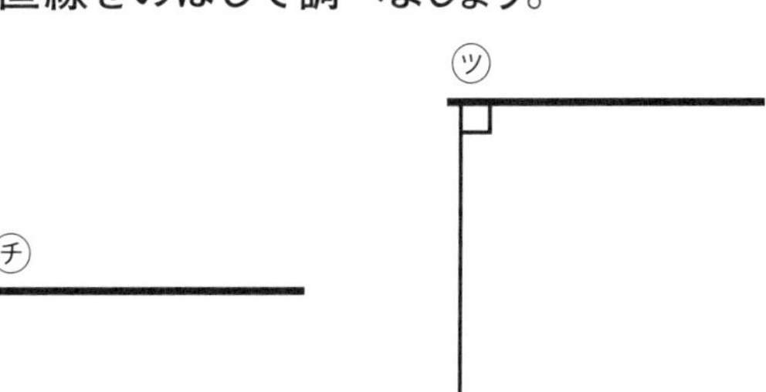

❹ 右図で，平行になっている直線はどれとどれですか。

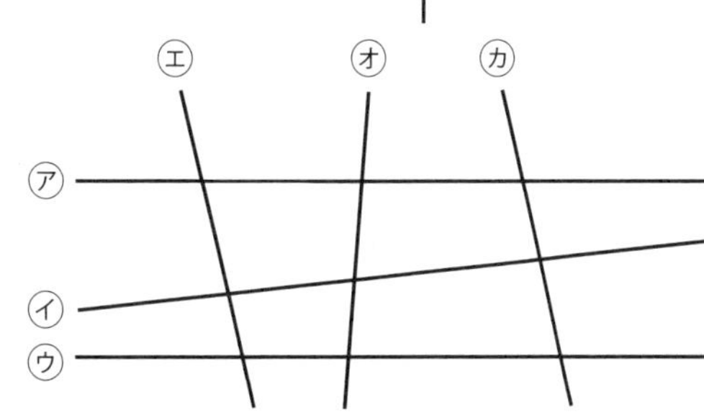

____

❺ 右の四角形 ABCD は長方形です。
辺 AB と垂直な辺はどれですか。また，辺 AB と平行な辺はどれですか。

辺 AB と垂直な辺，__________________

辺 AB と平行な辺，__________________

垂直・平行と四角形 4

＿＿組＿＿番 氏名＿＿＿＿＿＿

GOAL

全員が，平行な直線はほかの直線と等しい角度で交わることや，平行な直線の間のきょりは一定であることをせつ明することができる。

❶ 下の３本の平行な直線に，自分でもななめに交わる直線をひいて，横の直線と交わる角度が同じになるか調べましょう。

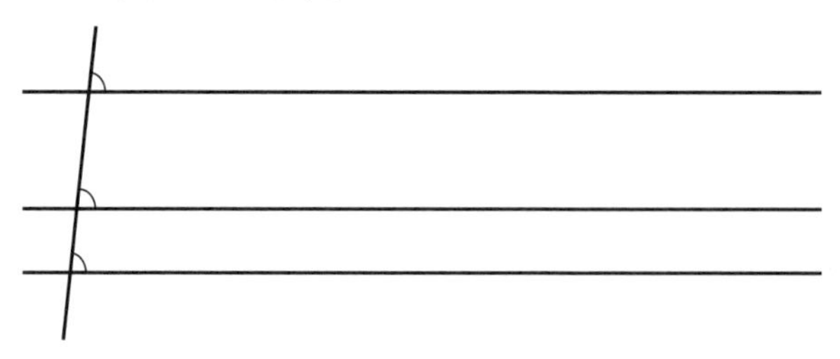

❷ 右の図の㋕と㋖の直線，㋗と㋘の直線は，それぞれ平行です。あ，い，う，え，おの角度は，それぞれ何度ですか。分度器を使わずに，計算で求めてみましょう。

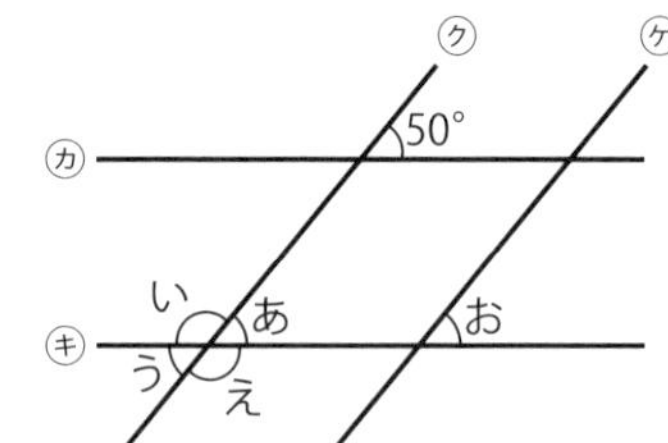

あ　　い　　う　　え　　お

❸ 右の㋐と㋑の直線は平行です。㋐と㋑の直線に垂直な直線を何本かひいて，㋐と㋑の直線のはばが同じ長さになるか調べましょう。

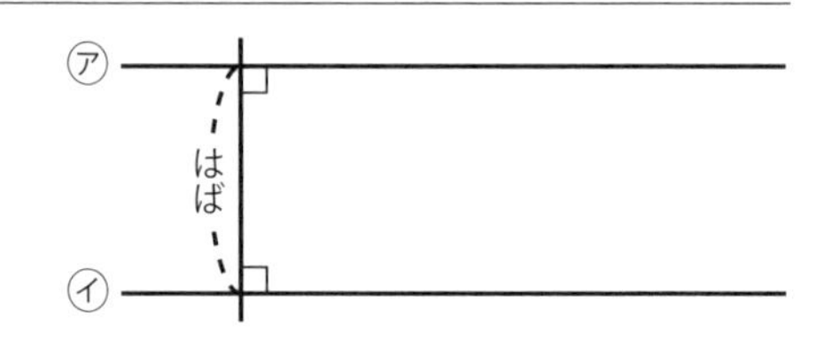

❹ 平行な直線はほかの直線と等しい角度で交わることや，平行な直線の間のきょりは一定であることを，３人に作図をしながらせつ明し，なっとくしてもらえたらサインをもらいましょう。

友だちのサイン

垂直・平行と四角形 5

＿＿＿組＿＿＿番　氏名＿＿＿＿＿＿＿＿

GOAL

全員が，三角定規を使って，平行な直線をひくことができる。

❶ 2まいの三角定規を使って，点Aを通り㋐の直線に平行な直線をひきましょう。

・A

㋐

❷ 2まいの三角定規を使って，㋑の直線に平行な直線を2本ひきましょう。

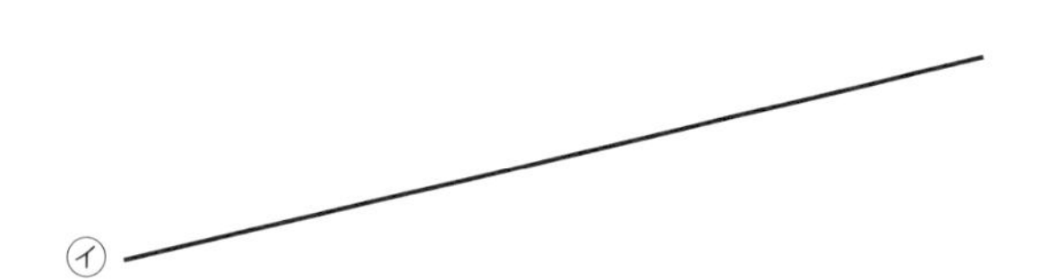

❸ 2まいの三角定規を使って，平行な直線がひけるわけを考え，3人にせつ明し，なっとくしてもらえたらサインをもらいましょう。

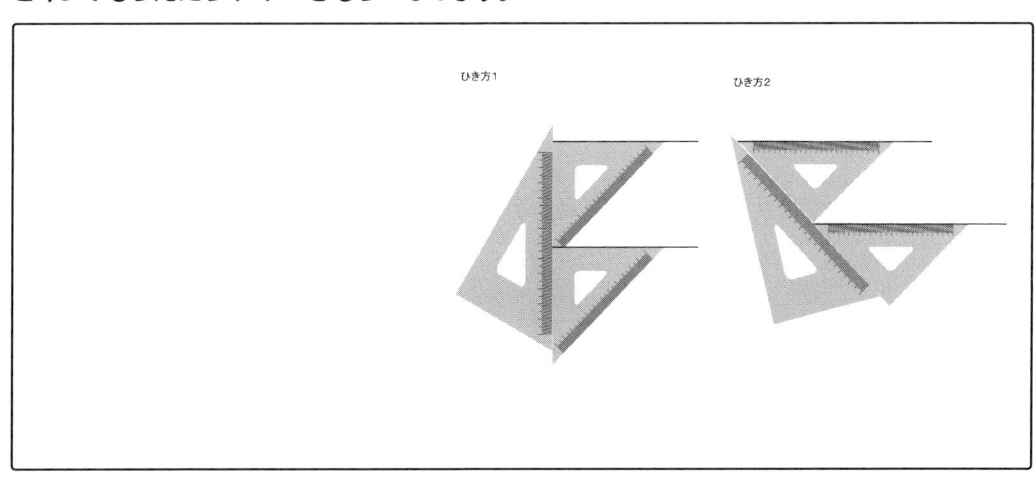

友だちのサイン

垂直・平行と四角形 6

組　　番　氏名

GOAL

全員が，四角形をなかま分けをしながら，台形と平行四辺形の意味をせつ明することができる。

❶ 平行な直線の組みの数に目をつけて，①～⑨の四角形を３つのなかまに分けてみましょう。

平行な直線が１組
（　　　　　　　）
平行な直線が２組
（　　　　　　　）
平行な直線の組がない
（　　　　　　　）

① ② ③ ④ ⑤ ⑥ ⑦ ⑧

❷ 方眼を使って，平行四辺形をかきましょう。

❸ 下の直線は平行です。これを使って，台形をかきましょう。

❹ 台形と平行四辺形の意味を，３人にせつ明し，なっとくしてもらえたらサインをもらいましょう。

友だちのサイン

垂直・平行と四角形 7

組　　番　氏名

GOAL

全員が，①辺の位置関係，②辺の長さ，③角の大きさなどの平行四辺形のせいしつをせつ明することができる。

❶ コンパスや分度器を使って，平行四辺形の向かい合った辺の長さや角の大きさが等しいことをかくにんしましょう。

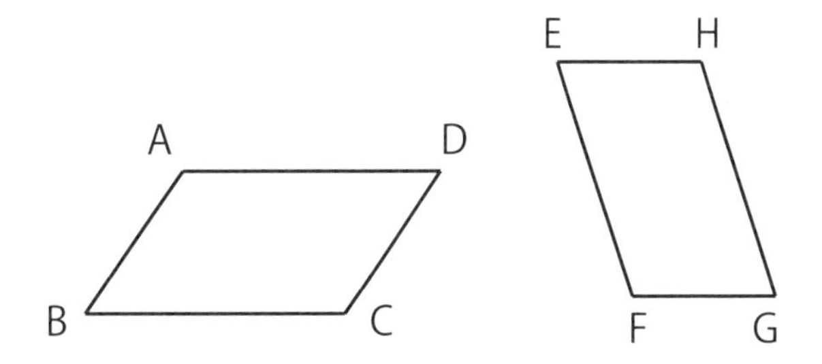

❷ 右の平行四辺形で，辺 AD，辺 CD の長さは何 cm ですか。また，角 C，角 D の大きさは何度ですか。

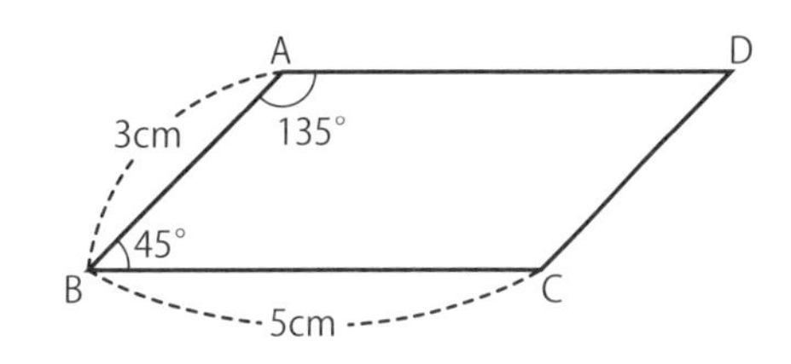

❸ 長方形と平行四辺形の同じところと，ちがうところをまとめましょう。

❹ 平行四辺形のせいしつを，3 人にせつ明し，なっとくしてもらえたらサインをもらいましょう。

友だちのサイン

垂直・平行と四角形 8

＿＿組＿＿番　氏名＿＿＿＿＿＿

GOAL

全員が，平行四辺形の意味やせいしつを用いた，平行四辺形のかき方をせつ明することができる。

❶ 右の図のような平行四辺形をかくとき，下の図のような手順ですすめます。頂点 D の位置を決めるには，下の 2 つの方法があります。それぞれの方ほうを 3 人にせつ明し，なっとくしてもらえたらサインをもらいましょう。

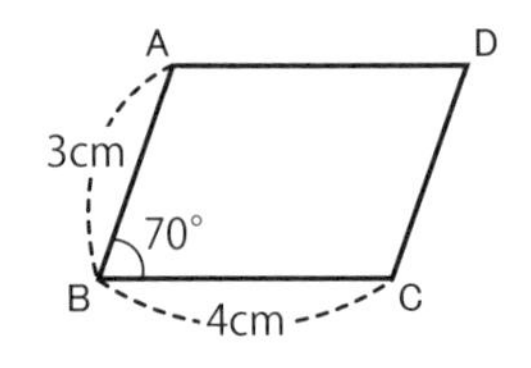

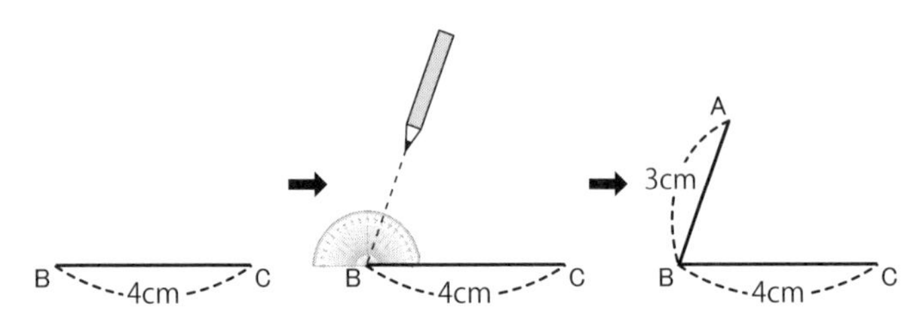

2 まいの三角定規を使う方法　　　コンパスを使う方法

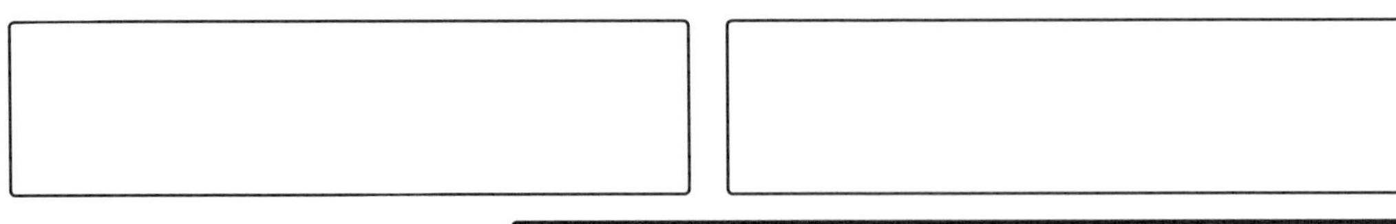

❷ 右に上の図の平行四辺形 ABCD をかきましょう。

❸ となり合う辺の長さが 3cm，5cm の平行四辺形をかきましょう。

(1) 角 B の大きさを 60°にしてかきましょう。

(2) 角 B の大きさを 90°にした場合，どんな四角形ができますか。

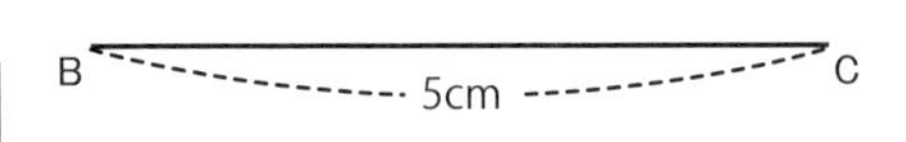

垂直・平行と四角形 9

＿＿＿組＿＿＿番　氏名＿＿＿＿＿＿＿＿＿

GOAL

全員が，①辺の位置関係，②辺の長さ，③角の大きさなどのひし形のせいしつをせつ明することができる。

❶ ひし形の辺のならび方や角の大きさには，どんなとくちょうがありますか。文章と作図でまとめましょう。

❷ 右のひし形で，辺 CD，辺 AD の長さは何 cm ですか。また，角 A，角 D の大きさは何度ですか。そのとき方を，3 人にせつ明し，なっとくしてもらえたらサインをもらいましょう。

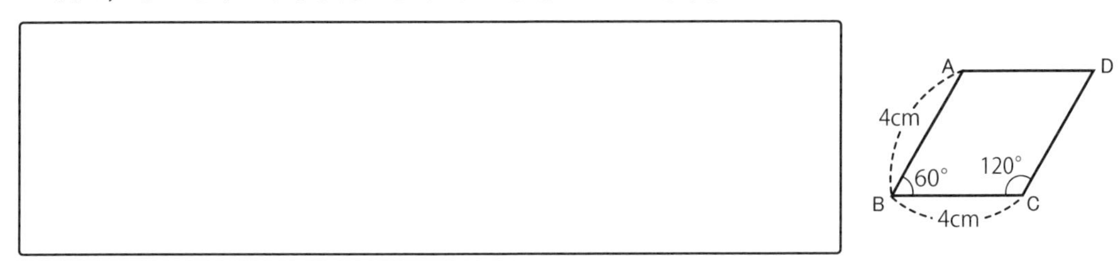

❸ 右の図のように，半径が等しい円を 2 つかき，交わった点と円の中心を直線で結ぶと，ひし形ができます。そのわけをせつ明しましょう。

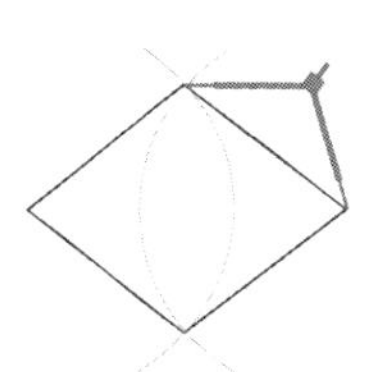

❹ 右の図のようにして，1 辺の長さが 4cm のひし形をかきましょう。

(1) 角 B の大きさを 50°にしてかきましょう。

(2) 角 B の大きさを 90°にしてかくと，どんな四角形ができますか。

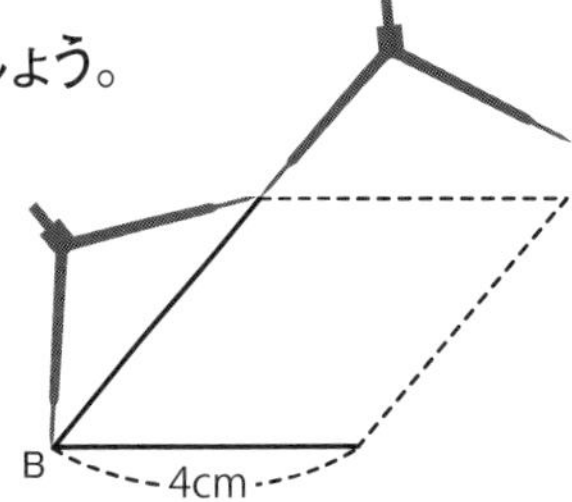

課題5 そろばん

めあて（GOAL）		課題
1	**全員が，そろばんを使って小数の加減計算ができる。**	❶ 下の計算の仕方を考えましょう。 ❷ 下の問題の計算の仕方を，3人にせつ明し，なっとくしてもらえたらサインをもらいましょう。

そろばん 1

＿＿組＿＿番　氏名＿＿＿＿＿＿

GOAL

全員が，そろばんを使って小数の加減計算ができる。

❶ 下の計算の仕方を考えましょう。

8.4 + 1.3

8 + 4.6

8.4 − 1.3

8 − 4.6

❷ 下の問題の計算の仕方を，3 人にせつ明し，なっとくしてもらえたらサインをもらいましょう。

3.3 + 5.4

3.6 + 9

7.8 − 3.2

6 − 2.8

友だちのサイン

課題6 大きい数のしくみ

	めあて（GOAL）	課題
1	**全員が，1億以上の数のしくみと読み方，書き方をせつ明することができる。**	❶ 1000万を10こ集めた数は，1億です。千万の位の左の位は何といえばよいでしょうか。 ❷ 日本の人口は何人と読みますか。書いた後に，読んでみましょう。 ❸ 126723671という数字について，左から3ばんめの6は，何が6こあることを表していますか。 また，右から3ばんめの6は，何が6こあることを表していますか。 ❹ 1億の10倍を（　　）といい，（　　　）と書く。 また，10億の10倍を（　　）といい，（　　　）と書く。 ❺ 新がた県の農業さん出がくは何円ですか。書いた後に，読んで3人にかくにんしてもらい，正しければサインをもらいましょう。
2	**全員が，1兆以上の数のしくみと読み方，書き方をせつ明することができる。**	❶ 上の数は，1兆を何こと，1億を何こあわせた数ですか。 ❷ 上の百か店の売り上げは，何と読みますか。 ❸ 1兆の10倍を（　　），10兆の10倍を（　　），100兆の10倍を（　　）といいます。 ❹ 整数は，位が1つ左へ進むごとに，何倍になっていますか。 ❺ 下の問題をとき，そのとき方を3人にせつ明し，なっとくしてもらえたらサインをしてもらいましょう。
3	**全員が，ある数を10倍した数や$\frac{1}{10}$にした数のならび方から整数のしくみをせつ明することができる。**	❶ 35億を10倍した数，$\frac{1}{10}$にした数を表に書きましょう。 ❷ 35億を10倍にすると，位は何けたずつ上がりますか。 ❸ 35億を$\frac{1}{10}$倍にすると，位は何けたずつ下がりますか。 ❹ 次の数を10倍した数，$\frac{1}{10}$にした数はいくつですか。下の表に書きましょう。そのとき方を3人にせつ明し，なっとくしてもらえたらサインをもらいましょう。

4	**全員が，2300 × 160 のかんたんな筆算の仕方をせつ明することができる。**	❶ 456 × 123 を筆算で計算しましょう。 ❷ 右の計算で，※を左へ 2 けたずらして書いたわけをせつ明しましょう。 ❸ 右の数をつくり，654 × 302 の筆算を矢印のようにくふうしました。どんなくふうをしたのでしょうか。 ❹ 2300 × 160 の計算のくふうの仕方を，3 人にせつ明し，なっとくしてもらえたらサインをもらいましょう。

大きい数のしくみ 1

組　　番　氏名

GOAL

全員が，1 億以上の数のしくみと読み方，書き方をせつ明することができる。

日本の人口　126723671 人

❶ 1000 万を 10 こ集めた数は，1 億です。千万の位の左の位は何といえばよいでしょうか。

❷ 日本の人口は何人と読みますか。書いた後に，読んでみましょう。

❸ 126723671 という数字について，左から 3 ばんめの 6 は，何が 6 こあることを表していますか。
また，右から 3 ばんめの 6 は，何が 6 こあることを表していますか。

左の 6 は，　　　　右の 6 は，

❹ 1 億の 10 倍を（　　　　）といい，（　　　　）と書く。
また，10 億の 10 倍を（　　　　）といい，（　　　　）と書く。

❺ 新がた県の農業さん出がくは何円ですか。書いた後に，読んで 3 人にかくにんしてもらい，正しければサインをもらいましょう。
新がた県の農業さん出がく　238800000000 円

友だちのサイン

大きい数のしくみ 2

組　　番　氏名

GOAL

全員が，1 兆以上の数のしくみと読み方，書き方をせつ明することができる。

百か店の売上高　(2011 年)　6152000000000 円

❶ 上の数は，1 兆を何こと，1 億を何こあわせた数ですか。

1 兆を［　　］こ，1 億を［　　　　］こ

❷ 上の百か店の売り上げは，何と読みますか。

［　　　　］円

❸ 1 兆の 10 倍を（　　　　），10 兆の 10 倍を（　　　　），100 兆の 10 倍を（　　　　）といいます。

❹ 整数は，位が 1 つ左へ進むごとに，何倍になっていますか。

［　　　　］

❺ 下の問題をとき，そのとき方を 3 人にせつ明し，なっとくしてもらえたらサインをしてもらいましょう。

(1) 次の数を読みましょう。

(2010 年　医薬品の売り上げ)　6779100000000 円

＿＿＿＿＿＿＿＿＿＿

(2011 年　地方スーパーの売り上げ)　10979000000000 円

＿＿＿＿＿＿＿＿＿＿

(2) □に当てはまる数を書きましょう。

1 億を 232 こ集めた数。［　　　　］

1 兆は 1 億の何倍ですか。［　　　　］

友だちのサイン

大きい数のしくみ 3

組　　番　氏名

GOAL

全員が，ある数を 10 倍した数や $\frac{1}{10}$ にした数のならび方から整数のしくみをせつ明することができる。

❶ 35 億を 10 倍した数，$\frac{1}{10}$ にした数を表に書きましょう。

10 倍　（　　　　　　　　　　）

3500000000

$\frac{1}{10}$　（　　　　　　　　　　）

❷ 35 億を 10 倍にすると，位は何けたずつ上がりますか。

（　　　　　　　　　　）

❸ 35 億を $\frac{1}{10}$ 倍にすると，位は何けたずつ下がりますか。

（　　　　　　　　　　）

❹ 次の数を 10 倍した数，$\frac{1}{10}$ にした数はいくつですか。下の表に書きましょう。そのとき方を 3 人にせつ明し，なっとくしてもらえたらサインをもらいましょう。

	72 億	4500 億	2 兆
10 倍			
$\frac{1}{10}$			

友だちのサイン

大きい数のしくみ 4

組　　番　氏名

GOAL

全員が，2300 × 160 のかんたんな筆算の仕方をせつ明することができる。

❶ 456 × 123 を筆算で計算しましょう。

❷ 右の計算で，※を左へ 2 けたずらして書いたわけをせつ明しましょう。

```
    4 5 6
  × 1 2 3
  1 3 6 8
  9 1 2
4 5 6 ・ ・ ※
5 6 0 8 8
```

❸ 右の数をつくり，654 × 302 の筆算を矢印のようにくふうしました。
どんなくふうをしたのでしょうか。

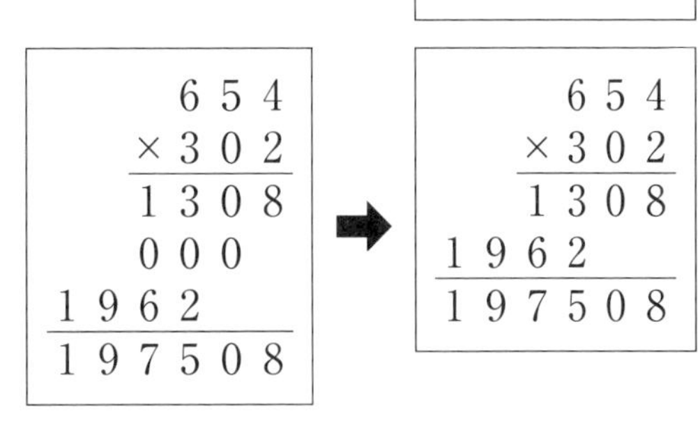

❹ 2300 × 160 の計算のくふうの仕方を，3 人にせつ明し，なっとくしてもらえたらサインをもらいましょう。

友だちのサイン

課題7 わり算の筆算 2

	めあて（GOAL）	課題
1	全員が，何十でわる計算の仕方をせつ明することができる。	❶ 色紙が 40 まいあります。この色紙を 1 人に 20 まいずつ分けると，何人に分けられますか。 ❷ 練習問題をときましょう。 ❸ 90 ÷ 20 の計算の仕方を書き，3 人にせつ明し，なっとくしてもらえたら，サインをもらいましょう。 ❹ 練習問題をときましょう。
2	全員が，63 ÷ 21 の筆算の仕方をせつ明することができる。	❶ 色紙が 63 まいあります。この色紙を 1 人に 21 まいずつ分けると，何人に分けられますか。 ❷ 63 ÷ 21 を筆算で考えましょう。 ❸ 右の見当のつけ方を使って，39 ÷ 13 を筆算で計算し，3 人にせつ明し，なっとくしてもらえたらサインをもらいましょう。
3	全員が，95 ÷ 13 の筆算の仕方をせつ明することができる。	❶ 54 ÷ 13 の筆算の仕方をまとめましょう。 ❷ 95 ÷ 13 の筆算の仕方をまとめ，3 人にせつ明し，なっとくしてもらえたらサインをもらいましょう。
4	全員が，わられる数が 3 けたの筆算の仕方をせつ明することができる。	❶ 162 ÷ 17 の筆算の仕方をまとめましょう。 ❷ 色紙が 150 まいあります。この色紙を 1 人に 16 まいずつ分けると，何人に分けられて，何まいあまりますか。計算の仕方をまとめ，3 人にせつ明し，なっとくしてもらえたらサインをもらいましょう。 ❸ 練習問題をときましょう。
5	全員が，546 ÷ 21 の筆算の仕方をせつ明することができる。	❶ 476 ÷ 15 の筆算の仕方をまとめましょう。 ❷ 546 ÷ 21 の筆算の仕方をまとめ，3 人にせつ明し，なっとくしてもらえたらサインをもらいましょう。 ❸ 750 このおかしを 12 こずつ箱につめています。何箱できて，何こあまりますか。

6	全員が，わり算のせいしつをせつ明することができる。	❶ 商が等しいわり算の式を見て，かずきさんとさおりさんが見つけた，わり算のせいしつをせつ明しなさい。 ❷ わり算のせいしつを使って，くふうして下の問題をときましょう。そのくふうを3人にせつ明し，なっとくしてもらえたらサインをもらいましょう。
7	全員が，おわりに0のある数のわり算は，わる数の0とわられる数の0を，同じ数だけ消してから計算することをせつ明することができる。	❶ 42000 ÷ 300 の筆算の仕方をくふうしましょう。 ❷ 下の問題をときましょう。そのとき方を3人にせつ明し，なっとくしてもらえたらサインをもらいましょう。

わり算の筆算２ 1

＿＿組＿＿番　氏名＿＿＿＿＿＿

GOAL

全員が，何十でわる計算の仕方をせつ明することができる。

❶ 色紙が 40 まいあります。この色紙を 1 人に 20 まいずつ分けると，何人に分けられますか。

［ 答え ］＿＿＿＿＿＿

❷ 練習問題をときましょう。

$60 \div 20 = \square$　$100 \div 50 = \square$　$120 \div 20 = \square$　$300 \div 50 = \square$

$380 \div 20 = \square$　$420 \div 30 = \square$　$560 \div 70 = \square$　$720 \div 90 = \square$

❸ 90 ÷ 20 の計算の仕方を書き，3 人にせつ明し，なっとくしてもらえたらサインをもらいましょう。

友だちのサイン

❹ 練習問題をときましょう。

$50 \div 20 =$　$70 \div 30 =$　$100 \div 30 =$

$240 \div 50 =$　$400 \div 70 =$　$200 \div 30 =$

$380 \div 60 =$　$600 \div 80 =$

わり算の筆算２ 2

＿＿組＿＿番　氏名＿＿＿＿＿＿＿

GOAL

全員が，63 ÷ 21 の筆算の仕方をせつ明することができる。

❶ 色紙が 63 まいあります。この色紙を 1 人に 21 まいずつ分けると，何人に分けられますか。

［ 答え ］＿＿＿＿＿＿

❷ 63 ÷ 21 を筆算で考えましょう。

（1）商は何の位にたちますか。

（2）わる数の 21 を 20 とみて，商の見当をつけてみましょう。

$21\overline{)63}$

❸ 右の見当のつけ方を使って，39 ÷ 13 を筆算で計算し，3 人にせつ明し，なっとくしてもらえたらサインをもらいましょう。

63÷21を63÷20で考える。		商に 4 をたてると
$20 \times 2 = 40$	$40 < 63$	$20 \times 4 = 80$ で，
$20 \times 3 = 60$	$60 < 63$	63 より大きくなるから
$20 \times 4 = 80$	$80 > 63$	商は3になる。

友だちのサイン

わり算の筆算２ ３

＿＿組＿＿番　氏名＿＿＿＿＿＿

GOAL

全員が，95 ÷ 13 の筆算の仕方をせつ明することができる。

❶ 54 ÷ 13 の筆算の仕方をまとめましょう。

❷ 95 ÷ 13 の筆算の仕方をまとめ，3 人にせつ明し，なっとくしてもらえたらサインをもらいましょう。

友だちのサイン

わり算の筆算２ 4

組　　番　氏名

GOAL

全員が，わられる数が３けたの筆算の仕方をせつ明することができる。

❶ 162 ÷ 17 の筆算の仕方をまとめましょう。

❷ 色紙が 150 まいあります。この色紙を１人に 16 まいずつ分けると，何人に分けられて，何まいあまりますか。計算の仕方をまとめ，３人にせつ明し，なっとくしてもらえたらサインをもらいましょう。

友だちのサイン

❸ 練習問題をときましょう。

$14\overline{)254}$　　$24\overline{)144}$　　$12\overline{)137}$　　$24\overline{)229}$

わり算の筆算 2 5

＿＿組＿＿番　氏名＿＿＿＿＿＿

GOAL

全員が，546 ÷ 21 の筆算の仕方をせつ明することができる。

❶ 476 ÷ 15 の筆算の仕方をまとめましょう。

百の位の計算から始める。

（　　　）÷ 15 だから，百の位に商はたたない。

次に十の位の計算をする。

（　　　）÷ 15 で，十の位に商（　　　）をたてる。

（　　　）÷ 15 =（　　　）あまり（　　　）

最後に一の位の計算をする。

6 をおろす。

（　　　）÷ 15 で，一の位に商（　　　）をたてる。

（　　　）÷ 15 =（　　　）あまり（　　　）

よって，476 ÷ 15 =（　　　）あまり（　　　）となる。

〔 けん算　15 ×（　　　）+（　　　）= 476 〕

❷ 546 ÷ 21 の筆算の仕方をまとめ，3 人にせつ明し，なっとくしてもらえたらサインをもらいましょう。

友だちのサイン

❸ 750 このおかしを 12 こずつ箱につめています。何箱できて，何こあまりますか。

［ 式 ］＿＿＿＿＿＿　［ 答え ］＿＿＿＿＿＿

わり算の筆算２ 6

組　　番　氏名

GOAL

全員が，わり算のせいしつをせつ明することができる。

❶ 商が等しいわり算の式を見て，かずきさんとさおりさんが見つけた，わり算のせいしつをせつ明しなさい。

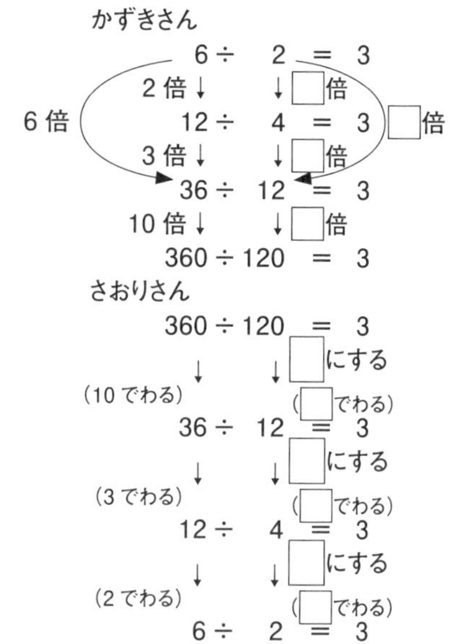

❷ わり算のせいしつを使って，くふうして下の問題をときましょう。そのくふうを３人にせつ明し，なっとくしてもらえたらサインをもらいましょう。

72 ÷ 24

420 ÷ 60

300 ÷ 25

友だちのサイン

わり算の筆算２ 7

＿＿組＿＿番　氏名＿＿＿＿＿＿＿＿

GOAL

全員が，おわりに０のある数のわり算は，わる数の０とわられる数の０を，同じ数だけ消してから計算することをせつ明することができる。

❶ 42000 ÷ 300 の筆算の仕方をくふうしましょう。

❷ 下の問題をときましょう。そのとき方を３人にせつ明し，なっとくしてもらえたらサインをもらいましょう。

2100 ÷ 30

6500 ÷ 500

3600 ÷ 180

友だちのサイン

課題8 がい数の表し方

	めあて（GOAL）	課題
1	**全員が，「がい数」の意味と，「約」を用いて表すことをせつ明することができる。**	右の表はいろいろな町の人口と，☺に色をぬってその数を表したものです。 ❶ さとしさんは，A 町の人口 30534 人を 30000 人としました。下の数直線を見て，そのわけをせつ明しましょう。 ❷ 下のカッコに当てはまる言葉や数字を入れましょう。 ❸ B 町の 37621 人，C 町の 23504 人はそれぞれ約何人といえばよいでしょうか。上の数直線を見て考えましょう。 ❹ 上の表で A 町の人口は約 30000 人なので，☺は 3 つ色をぬってあります。がい数にした B 町と C 町の人口を，上の図の☺に色をぬって表しましょう。また，なぜそのように表したのかを，3 人にせつ明し，なっとくしてもらえたらサインをもらいましょう。
2	**全員が，「四捨五入」や「切り捨て」「切り上げ」の意味をせつ明することができる。**	❶ 2つの村の人口は，何千人と何千人の間にありますか。 ❷ 1000 と 2000 のどちらに近いかを見つけるには，何の位の数字に目をつければよいでしょうか。 ❸ 百の位の数字がいくつのときに，約 1000 とすればよいか。また，百の位の数字がいくつのときに，約 2000 とすればよいかをせつ明した文が下にあります。カッコにてきとうな言葉を入れましょう。 ❹ 下の数字を「切り捨て」「切り上げ」という言葉を使ってせつ明し，約のついた数字で表しましょう。そのとき方を 3 人にせつ明し，なっとくしてもらえたらサインをもらいましょう。

3	**全員が，四捨五入して一万の位までのがい数にするには，千の位で四捨五入すればよいことをせつ明することができる。**	❶ 下のせつ明文のカッコにてきとうな言葉を入れましょう。 ❷ 281428を四捨五入して，一万の位までのがい数にするとき，何の位で四捨五入すればよいでしょうか。 ❸ 58745を四捨五入して，一万の位までのがい数にしましょう。 ❹ 281428，58745を千の位のがい数にする方ほうをせつ明して答えましょう。 ❺ 下の数を四捨五入して，一万の位までのがい数にする方ほうをせつ明して答えましょう。そのとき方を3人にせつ明し，なっとくしてもらえたらサインをもらいましょう。
4	**全員が，四捨五入して上から1けたのがい数にするには，上から2つめの位で四捨五入すればよいことをせつ明することができる。**	❶ 先生の表した2つのがい数には，どんなとくちょうがありますか。 ❷ カッコにてきとうな言葉を入れましょう。 ❸ 463940を四捨五入して，上から1けたのがい数にするとき，何の位で四捨五入すればよいでしょうか。 ❹ 四捨五入してがい数で表すとき，下のようないい方があります。カッコに当てはまる言葉を入れましょう。 ❺ 87942を四捨五入して，上から1けたのがい数にすると，90000になることをたしかめ，3人にせつ明し，なっとくしてもらえたらサインをもらいましょう。
5	**全員が，四捨五入してがい数にする前の，もとの数のはんいや，「以上」「未満」「以下」の意味をせつ明することができる。**	❶ 下の数字を一の位で四捨五入しましょう。 ❷ 下の文のカッコにてきとうな言葉を入れましょう。 ❸ 四捨五入して，十の位までのがい数にすると，60になる整数のうち，いちばん小さい数といちばん大きい数はいくつですか。また，その数のはんいを，以上・未満・以下の中からてきとうな言葉で表し，3人にせつ明し，なっとくしてもらえたらサインをもらいましょう。

6	**全員が，目てきにおうじてがい数にして計算すると便利なことをせつ明することができる。**	❶ 3 人はそれぞれ買い物をして，代金の合計の見当をつけています。3 人はなぜこのような見つもりの仕方をしたのかを，3 人にせつ明し，なっとくしてもらえたらサインをもらいましょう。 ❷ 135 円のチョコレートと 356 円のクッキーを買い，代金を 1000 円札ではらいます。おつりはおよそいくらになりますか。135，356 の十の位の数字を四捨五入して，おつりを見つもりましょう。 ❸ 四捨五入して百の位までのがい数にして，答えを見つもりましょう。

がい数の表し方 1

＿＿組＿＿番　氏名＿＿＿＿＿＿

GOAL

全員が，「がい数」の意味と，「約」を用いて表すことをせつ明することができる。

右の表はいろいろな町の人口と，☺に色をぬってその数を表したものです。

A 町	30534 人	●●●☺☺
B 町	37621 人	☺☺☺☺☺
C 町	23504 人	☺☺☺☺☺

❶ さとしさんは，A 町の人口 30534 人を 30000 人としました。下の数直線を見て，そのわけをせつ明しましょう。

20000　30000　40000

＿＿＿＿＿＿＿＿＿＿＿＿＿＿＿＿

❷ 下のカッコに当てはまる言葉や数字を入れましょう。

30534 は，30000 に近いので，およそ（　　　　）とする。

およそ（　　　　）のことを，（　　　）30000 ともいう。

また，およその数のことを（　　　　）という。

❸ B 町の 37621 人，C 町の 23504 人はそれぞれ約何人といえばよいでしょうか。上の数直線を見て考えましょう。

❹ 上の表で A 町の人口は約 30000 人なので，☺は 3 つ色をぬってあります。がい数にした B 町と C 町の人口を，上の図の☺に色をぬって表しましょう。また，なぜそのように表したのかを，3 人にせつ明し，なっとくしてもらえたらサインをもらいましょう。

友だちのサイン

がい数の表し方 2

組　　番　氏名

GOAL

全員が,「四捨五入」や「切り捨て」「切り上げ」の意味をせつ明することができる。

❶ 2つの村の人口は，何千人と何千人の間にありますか。

（　　　　　　　　　）の間

A村の人口	1162人
B村の人口	1905人

❷ 1000と2000のどちらに近いかを見つけるには，何の位の数字に目をつければよいでしょうか。

（　　　　　　）

❸ 百の位の数字がいくつのときに，約1000とすればよいか。また，百の位の数字がいくつのときに，約2000とすればよいかをせつ明した文が下にあります。カッコにてきとうな言葉を入れましょう。

百の位の数字が，（　　　　　　　　）のときは，（　　　　　）て約1000とし，百の位の数字が，（　　　　　　　　）のときは，（　　　　　）て約2000とする。

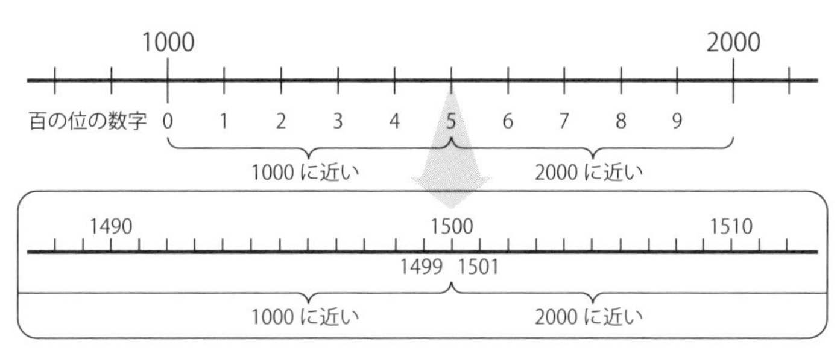

❹ 下の数字を「切り捨て」「切り上げ」という言葉を使ってせつ明し，約のついた数字で表しましょう。そのとき方を3人にせつ明し，なっとくしてもらえたらサインをもらいましょう。

17382

43971

145962

198931

友だちのサイン

がい数の表し方 3

＿＿組＿＿番　氏名＿＿＿＿＿＿

GOAL

全員が，四捨五入して一万の位までのがい数にするには，千の位で四捨五入すればよいことをせつ明することができる。

❶ 下のせつ明文のカッコにてきとうな言葉を入れましょう。

がい数で「約何万」と表すことを，(　　　　　　　　　　　　　　　)

という。

❷ 281428 を四捨五入して，一万の位までのがい数にするとき，何の位で四捨五入すればよいでしょうか。

❸ 58745 を四捨五入して，一万の位までのがい数にしましょう。

❹ 281428，58745 を千の位までのがい数にする方ほうをせつ明して答えましょう。

281428 (　　　　　　　　　　)　58745 (　　　　　　　　　　)

❺ 下の数を四捨五入して，一万の位までのがい数にする方ほうをせつ明して答えましょう。そのとき方を 3 人にせつ明し，なっとくしてもらえたら，サインをもらいましょう。

89321 (　　　　　　　　　　　　　　　　　　　　)

573820 (　　　　　　　　　　　　　　　　　　　　)

9328362 (　　　　　　　　　　　　　　　　　　　　)

友だちのサイン

がい数の表し方4

組　　番　氏名

GOAL

全員が，四捨五入して上から1けたのがい数にするには，上から2つめの位で四捨五入すればよいことをせつ明することができる。

❶ 先生の表した2つのがい数には，どんなとくちょうがありますか。

もとの数	先生が表したがい数	前に勉強したがい数
463940	500000	460000
87942	90000	90000

❷ カッコにてきとうな言葉を入れましょう。

先生の表したがい数は，どちらの数も，上から1つめの位までのがい数で表されている。上から1つめの位までのがい数で表すことを，

(　　　　　　　　　　　　　　　　)という。

❸ 463940を四捨五入して，上から1けたのがい数にするとき，何の位で四捨五入すればよいでしょうか。

❹ 四捨五入してがい数で表すとき，下のようないい方があります。カッコに当てはまる言葉を入れましょう。

一万の位までのがい数にする　→　(　　　　　)の位で四捨五入する

上から1けたのがい数にする　→　上から(　　　　　)の位で四捨五入する

❺ 87942を四捨五入して，上から1けたのがい数にすると，90000になることをたしかめ，3人にせつ明し，なっとくしてもらえたらサインをもらいましょう。

友だちのサイン

がい数の表し方 5

＿＿組＿＿番　氏名＿＿＿＿＿＿＿＿

GOAL

全員が，四捨五入してがい数にする前の，もとの数のはんいや，「以上」「未満」「以下」の意味をせつ明することができる。

❶ 下の数字を一の位で四捨五入しましょう。

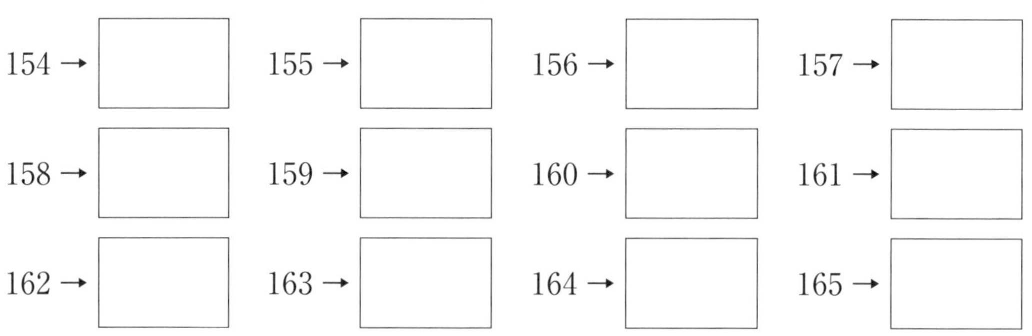

❷ 下の文のカッコにてきとうな言葉を入れましょう。

一の位で四捨五入して，160 になるはんいのことを，

(　　　　　　　　　　　　)という。

155 (　　　　　　　)…155 と等しいか，それより大きい

155 (　　　　　　　)…155 より小さい（155 は入らない）

155 (　　　　　　　)…と等しいか，それより小さい

❸ 四捨五入して，十の位までのがい数にすると，60 になる整数のうち，いちばん小さい数といちばん大きい数はいくつですか。また，その数のはんいを，以上・未満・以下の中からてきとうな言葉で表し，3 人にせつ明し，なっとくしてもらえたらサインをもらいましょう。

いちばん小さい数 (　　　　　　　)　いちばん大きい数 (　　　　　　　)

(　　　　　　　　　　　　　　　　　　　　　　　　　　)

友だちのサイン

がい数の表し方 6

＿＿組＿＿番　氏名＿＿＿＿＿＿

GOAL

全員が，目てきにおうじてがい数にして計算すると便利なことをせつ明することができる。

❶ 3 人はそれぞれ買い物をして，代金の合計の見当をつけています。
3 人はなぜこのような見つもりの仕方をしたのかを，3 人にせつ明し，なっとくしてもらえたらサインをもらいましょう。

【A さん】十の位を四捨五入した 代金　121 円　190 円　120 円 100 ＋ 200 ＋ 100 ＝ 400	・だいたいいくらかな?
【B さん】十の位を切り上げた 代金　285 円　190 円　480 円 300 ＋ 200 ＋ 500 ＝ 1000	・1000 円しか持っていないけど足りるかな?
【C さん】十の位を切り捨てた 代金　320 円　450 円　360 円 300 ＋ 400 ＋ 300 ＝ 1000	・この店は 1000 円以上買い物をすると，ちゅう車料金が無料になるんだよね。

友だちのサイン

❷ 135 円のチョコレートと 356 円のクッキーを買い，代金を 1000 円札ではらいます。おつりはおよそいくらになりますか。135，356 の十の位の数字を四捨五入して，おつりを見つもりましょう。

❸ 四捨五入して百の位までのがい数にして，答えを見つもりましょう。

634 + 356 =

243 + 490 + 730 =

830 − 472 =

2000 − 356 − 921 =

課題9 計算のきまり

	めあて（GOAL）	課題
1	全員が，カッコのある式の計算じゅんじょをせつ明することができる。	❶ はるなさんは500円玉をもって「ハンバーガーとアップルパイを1つずつください」と言って買い物をしました。 (1) はるなさんの買い物の代金を求める式を書きましょう。 (2) はるなさんの買い物の場面を式に表しましょう。代金の部分を（　）を使って表すと，1つの式に表すことができます。 (3) 500 −(140 + 210)の計算のじゅんじょをまとめましょう。 ❷ 上のメニュー表を見て，500円玉でいろいろな買い物をした場合の，おつりを求める式を（　）を使って表して，答えを求めましょう。また，友だちの表した式を見て，どのような買い物をしたのかせつ明し，なっとくしてもらえたらサインをもらいましょう。
2	全員が，式の中のかけ算やわり算は，たし算やひき算より先に計算することをせつ明できる。	❶ 1まい25円の工作用紙を3まい買って，100円玉を出しました。おつりはいくらですか。 ❷ 500円の筆箱を1つと，1ダース480円のえん筆を半ダース買いました。代金はいくらですか。 ❸ 下の問題をときましょう。とき方を3人にせつ明し，なっとくしてもらえたらサインをもらいましょう。
3	全員が，×÷＋−等がまざった計算のじゅんじょをせつ明することができる。	❶ 計算のじゅんじょを考えながら，下の計算をしましょう。 ❷ 計算のじゅんじょについて，カッコにてきとうな言葉を入れなさい。 ❸ 下の問題をとき，とき方を3人にせつ明し，なっとくしてもらえたらサインをもらいましょう。

<table>
<tr>
<td>4</td>
<td>全員が，(10＋5)×9と10×9＋10×9　が，符号でつなげられることをせつ明でき，くふうしてかんたんに計算をすることができる。</td>
<td>❶ 右の図の黒い●と白い○の数の合計を表す式を，ゆうこさんは（10＋5)×9と表し，さとしさんは10×9＋5×9と表しました。それぞれの考え方をせつ明しましょう。
❷（　　）を使った式の計算のきまりには，次のようなものがあります。
(1)（■＋●)×▲＝■×▲＋●×▲
(2)（■－●)×▲＝■×▲－●×▲
上の式の，■に4，●に3，▲に2を当てはめて計算して，符号でつなげられることをたしかめましょう。
❸（　　）を使った式の計算のきまりには，次のようなものがあります。
(1)（■＋●)÷▲＝■÷▲＋●÷▲
(2)（■－●)÷▲＝■÷▲－●÷▲
上の式の■に8，●に4，▲に2を当てはめて計算し，□に符号が入るかたしかめましょう。また，その結果を3人にせつ明し，なっとくしてもらえたらサインをもらいましょう。</td>
</tr>
<tr>
<td>5</td>
<td>全員が，計算のきまりを使い，くふうしてかんたんに計算する方ほうをせつ明することができる。</td>
<td>❶ 左右の式を計算して（　）に等号が入るか，たしかめましょう。
❷ ①～④の計算は，それぞれ上の㋐～㋓のどのきまりを使うとかんたんになりますか。
❸ 下の問題をくふうしてときましょう。そのくふうを3人にせつ明し，なっとくしてもらえたらサインをもらいましょう。</td>
</tr>
</table>

計算のきまり 1

＿＿組＿＿番　氏名＿＿＿＿

GOAL

全員が，カッコのある式の計算じゅんじょをせつ明することができる。

❶ はるなさんは 500 円玉をもって「ハンバーガーとアップルパイを 1 つずつください」と言って買い物をしました。

メニュー

ホットドッグ	120 円
ハンバーガー	140 円
チーズバーガー	190 円
チキンサンド	170 円
アップルパイ	210 円
アイスクリーム	100 円
ポテトフライ	
（大）	260 円
（中）	220 円
（小）	150 円
コーラ	
（大）	200 円
（中）	180 円
（小）	160 円

(1) はるなさんの買い物の代金を求める式を書きましょう。

(　　　)＋(　　　)

(2) はるなさんの買い物の場面を式に表しましょう。代金の部分を（　）を使って表すと，1 つの式に表すことができます。

500 −(□ ＋ □)＝ □

(3) 500 −(140 ＋ 210)の計算のじゅんじょをまとめましょう。

❷ 上のメニュー表を見て，500 円玉でいろいろな買い物をした場合の，おつりを求める式を（　）を使って表して，答えを求めましょう。
また，友だちの表した式を見て，どのような買い物をしたのかせつ明し，なっとくしてもらえたらサインをもらいましょう。

友だちのサイン

計算のきまり 2

組　　番　氏名

GOAL

全員が，式の中のかけ算やわり算は，たし算やひき算より先に計算することをせつ明できる。

❶ 1まい25円の工作用紙を3まい買って，100円玉を出しました。おつりはいくらですか。

［式］

［答え］

❷ 500円の筆箱を1つと，1ダース480円のえん筆を半ダース買いました。代金はいくらですか。

［式］

［答え］

❸ 下の問題をときましょう。とき方を3人にせつ明し，なっとくしてもらえたらサインをもらいましょう。

$9+11\times4=$ □ （　　）

$300-500\div2=$ □ （　　）

$400-30\times8=$ □ （　　）

$70+81\div9=$ □ （　　）

友だちのサイン

計算のきまり 3

＿＿組＿＿番　氏名＿＿＿＿＿＿＿＿

GOAL

全員が，×÷＋－等がまざった計算のじゅんじょをせつ明することができる。

❶ 計算のじゅんじょを考えながら，下の計算をしましょう。

(1) $8-9\div3\times2$

(2) $8-(9-3\times2)$

❷ 計算のじゅんじょについて，カッコにてきとうな言葉を入れなさい。

計算のじゅんじょ

ふつうは，(　　　　)からじゅんに計算する。

(　)のある式は，(　)の中を(　　　　)に計算する。

(　　　　)や(　　　　)は，(　　　　)や(　　　　)より先に計算する。

❸ 下の問題をとき，とき方を３人にせつ明し，なっとくしてもらえたらサインをもらいましょう。

(1) $8\times6-4\div2=$

(2) $8\times(6-4\div2)=$

(3) $(8\times6-4)\div2=$

(4) $8\times(6-4)\div2=$

友だちのサイン

計算のきまり 4

＿＿組＿＿番　氏名＿＿＿＿＿＿

GOAL

全員が，(10 ＋ 5) × 9 と 10 × 9 ＋ 5 × 9 が，符号でつなげられることをせつ明でき，くふうしてかんたんに計算をすることができる。

❶ 右の図の黒い●と白い○の数の合計を表す式を，ゆうこさんは (10 ＋ 5) × 9 と表し，さとしさんは 10 × 9 ＋ 5 × 9 と表しました。それぞれの考え方をせつ明しましょう。

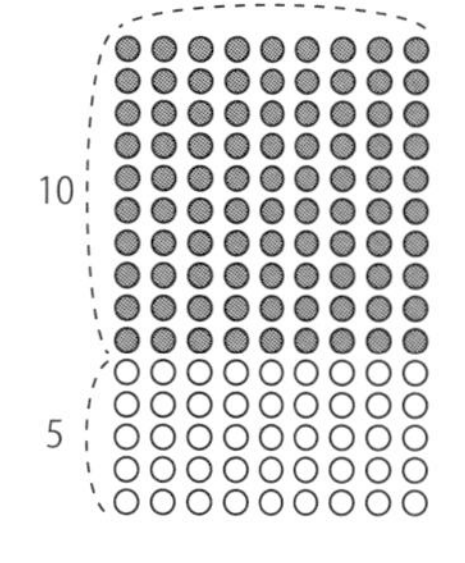

ゆうこさんの考え方

（　　　　　　　　　　　　　　　　　　）

さとしさんの考え方

（　　　　　　　　　　　　　　　　　　）

❷ （　　）を使った式の計算のきまりには，次のようなものがあります。

(1) (■＋●) × ▲ ＝ ■ × ▲ ＋ ● × ▲　　(2) (■－●) × ▲ ＝ ■ × ▲ － ● × ▲

上の式の，■に 4，●に 3，▲に 2 を当てはめて計算して，符号でつなげられることをたしかめましょう。

（　　　　　　　　　　）

❸ （　　）を使った式の計算のきまりには，次のようなものがあります。

(1) (■＋●) ÷ ▲ ＝ ■ ÷ ▲ ＋ ● ÷ ▲　　(2) (■－●) ÷ ▲ ＝ ■ ÷ ▲ － ● ÷ ▲

上の式の■に 8，●に 4，▲に 2 を当てはめて計算し，□に符号が入るかたしかめましょう。またその結果を 3 人にせつ明し，なっとくしてもらえたらサインをもらいましょう。

(1) (8 ＋ 4) ÷ 2 □ 8 ÷ 2 ＋ 4 ÷ 2（　　　　　　　　）

(2) (8 − 4) ÷ 2 □ 8 ÷ 2 − 4 ÷ 2（　　　　　　　　）

友だちのサイン

計算のきまり 5

組　　番　氏名

GOAL

全員が，計算のきまりを使い，くふうしてかんたんに計算する方ほうをせつ明することができる。

❶ 左右の式を計算して（　）に等号が入るか，たしかめましょう。

㋐■＋●＝●＋■

$3+4$（　　　）$4+3$

㋑（■＋●）＋▲＝■＋（●＋▲）

$(2+7)+4$（　　　）$2+(7+4)$

㋒■×●＝●×■

5×6（　　　）6×5

㋓（■×●）×▲＝■×（●×▲）

$(4\times3)\times5$（　　　）$4\times(3\times5)$

❷ ①～④の計算は，それぞれ上の㋐～㋓のどのきまりを使うとかんたんになりますか。

① $18+37+12=$　　使ったきまり（　　　）

② $4\times13\times25=$　　使ったきまり（　　　）

③ $53+85+47=$　　使ったきまり（　　　）

④ $125\times5\times8=$　　使ったきまり（　　　）

❸ 下の問題をくふうしてときましょう。そのくふうを 3 人にせつ明し，なっとくしてもらえたらサインをもらいましょう。

$67+7.6+2.4=$

$16\times25\times4=$

$11\times109=$

$7\times99=$

友だちのサイン

課題10 面積のはかり方と表し方

	めあて（GOAL）	課題
1	**全員が，じん取りゲームの広さをくらべる方ほうを考えることができる。**	❶ あ～えの4つのじん地の広さをくらべる方ほうで，しんじさんとかおりさんの方ほうを，3人にせつ明し，なっとくしてもらえたらサインをもらいましょう。 ❷ 右の図のように，1辺が1cmの小さな正方形に区切りました。1辺が1cmの正方形は，それぞれ何こならんでいますか。 ❸ いちばん広いじん地はどれですか。 ❹ 「え」のじん地は「い」のじん地より，1辺が1cmの正方形で何こ分広いですか。
2	**全員が，面積を「平方センチメートル（cm^2）」で表すことができる。**	❶ カッコにてきとうな言葉を入れましょう。 ❷ あ～えの4つのじん地の面積は，それぞれ何cm^2ですか。3人にせつ明し，なっとくしてもらえたらサインをもらいましょう。 ❸ かの面積が$1cm^2$であることをもとにして，き，く，け，この面積をせつ明しましょう。 ❹ 方眼用紙に，面積が$4cm^2$になる形を，10こ以上かきましょう。それを3人に見せて，正しければ，サインをもらいましょう。
3	**全員が，□のような形のでも，長方形や正方形の形をもとにして考えれば，面積を求められることをせつ明することができる。**	❶ さとるさんの図を見て，さとるさんの考えを式に表しましょう。 ❷ みきさんの式を見て，みきさんの考えをせつ明しましょう。 ❸ ゆうこさんの図を見て，ゆうこさんの考えをせつ明しましょう。 ❹ 3人の考えで，共通しているのはどのようなことでしょうか。 ❺ 下のような形の面積を，いろいろな方ほうで求めましょう。その方ほうを3人にせつ明し，なっとくしてもらえたらサインをもらいましょう。

4	**全員が，単位が m でも公式を使って面積を計算することができる。**	❶ カッコにてきとうな言葉を入れましょう。 ❷ 長方形や正方形の面積の公式を使って，下の教室，理科室の面積をそれぞれ求めましょう。 ❸ バレーボールのコートの半分の面は，1 辺が 9m の正方形の形になっています。バレーボールコートの全体の面積を求めましょう。また，その計算の仕方を 3 人にせつ明し，なっとくしてもらえたらサインをもらいましょう。
5	**全員が，面積の単位の m^2 と cm^2 の大きさの関係をせつ明することができる。**	❶ カッコにてきとうな言葉や数字を入れましょう。 ❷ 右のような長方形の形をした花だんの面積は何 m^2 ですか。また，何 cm^2 ですか。3 人にせつ明し，なっとくしてもらえたらサインをもらいましょう。 ❸ 新聞紙を使って，1 辺が 1m の正方形を作りましょう。 ❹ $1m^2$ に何人のれるか，❸の正方形を使ってためしてみましょう。
6	**全員が，面積の単位の，a と ha，m^2 のそれぞれの大きさの関係をせつ明することができる。**	❶ たてが 20m，横が 40m の長方形の形をした畑の面積は，何 m^2 ですか。 ❷ カッコにてきとうな数値や言葉を入れましょう。 ❸ ❶の畑の面積は何 a ですか。 ❹ 1 辺が 30m の正方形の形をした公園の面積は何 a ですか。 ❺ 1 辺が 300m の正方形の形をした牧場の面積は何 m^2 ですか。 ❻ カッコにてきとうな数値や言葉を入れましょう。 ❼ ❺の牧場の面積は何 ha ですか。 ❽ 1ha は何 a ですか。3 人にせつ明し，なっとくしてもらえたら，サインをもらいましょう。

面積のはかり方と表し方 1

組　　　番　氏名

GOAL

全員が，じん取りゲームの広さをくらべる方ほうを考えることができる。

❶ あ～えの 4 つのじん地の広さをくらべる方ほうで，しんじさんとかおりさんの方ほうを，3 人にせつ明し，なっとくしてもらえたらサインをもらいましょう。

下の図は，4 人でゲームをした結果です。【しんじさん】「あ」と「え」のじん地をくらべました。【かおりさん】「あ」と「う」のじん地をくらべました。重ねて，はみ出したので…

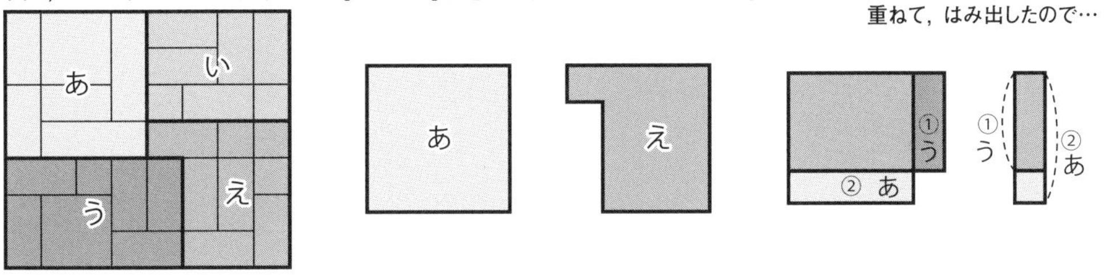

あ　い　う　え

あ　え

①う　②あ　①う　②あ

しんじさん

かおりさん

友だちのサイン

❷ 右の図のように，1 辺が 1cm の小さな正方形に区切りました。1 辺が 1cm の正方形は，それぞれ何こならんでいますか。

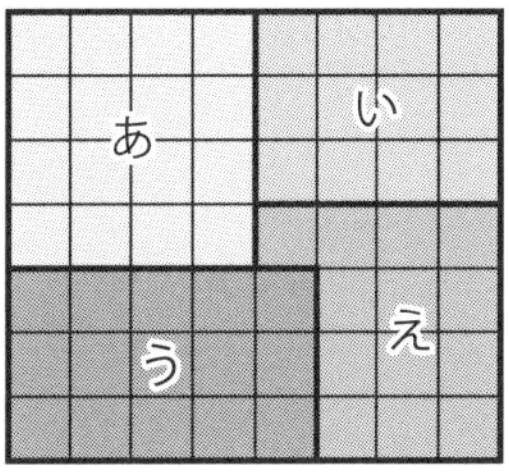

あ　い　う　え

あ：　こ　い：　こ　う：　こ　え：　こ

❸ いちばん広いじん地はどれですか。

❹ 「え」のじん地は，「い」のじん地より，1 辺が 1cm の正方形で何こ分広いですか。

面積のはかり方と表し方 2

＿＿組＿＿番　氏名＿＿＿＿＿＿

GOAL

全員が，面積を「平方センチメートル（cm^2）」で表すことができる。

❶ カッコにてきとうな言葉を入れましょう。

広さのことを，（　　　　　）という。1 辺が 1cm の正方形の面積を（　　　　　　　　　）といい，（　　　　　）と書きます。

❷ あ～えの 4 つのじん地の面積は，それぞれ何 cm^2 ですか。3 人にせつ明し，なっとくしてもらえたらサインをもらいましょう。

1cm　1cm

あ　い　う　え

あ：

い：

う：

え：

❸ かの面積が $1cm^2$ であることをもとにして，き，く，け，この面積をせつ明しましょう。

1cm　0.5cm　1cm　0.5cm

か　き　け　く　こ

きは＿＿＿＿＿＿＿＿＿＿

くは＿＿＿＿＿＿＿＿＿＿

けは＿＿＿＿＿＿＿＿＿＿

こは＿＿＿＿＿＿＿＿＿＿

❹ 方眼用紙に，面積が $4cm^2$ になる形を，10 こ以上かきましょう。それを 3 人に見せて，正しければ，サインをもらいましょう。

友だちのサイン

面積のはかり方と表し方 3

＿＿組＿＿番　氏名＿＿＿＿＿＿

GOAL

全員が，　のような形でも，長方形や正方形の形をもとにして考えれば，面積を求められることをせつ明することができる。

❶ さとるさんの図を見て，さとるさんの考えを式に表しましょう。

＿＿＿＿＿＿＿＿＿＿＿＿＿＿＿＿

❷ みきさんの式を見て，みきさんの考えをせつ明しましょう。

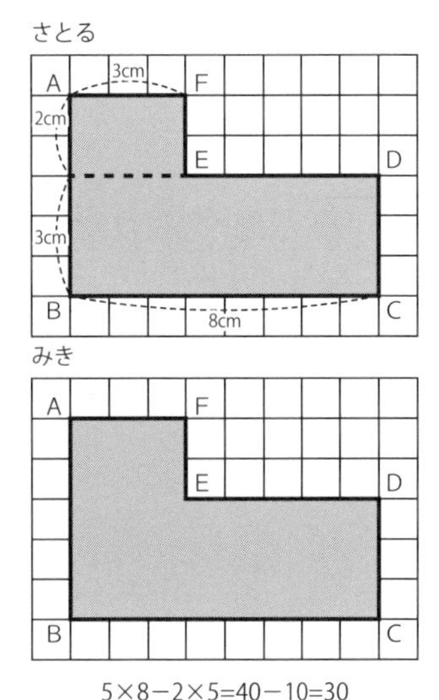

❸ ゆうこさんの図を見て，ゆうこさんの考えをせつ明しましょう。

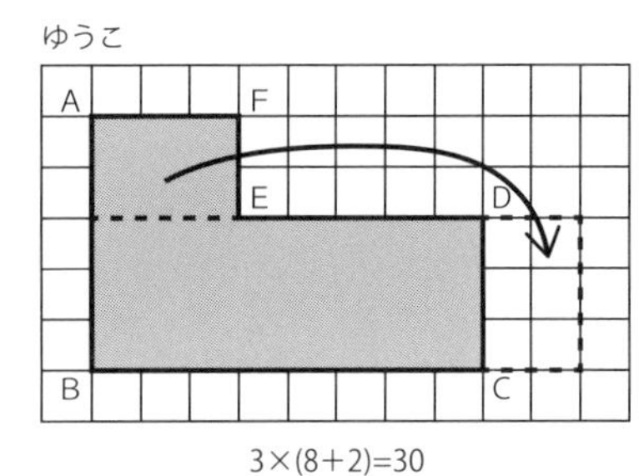

❹ 3 人の考えで，共通しているのはどのようなことでしょうか。

❺ 右のような形の面積を，いろいろな方ほうで求めましょう。その方ほうを 3 人にせつ明し，なっとくしてもらえたらサインをもらいましょう。

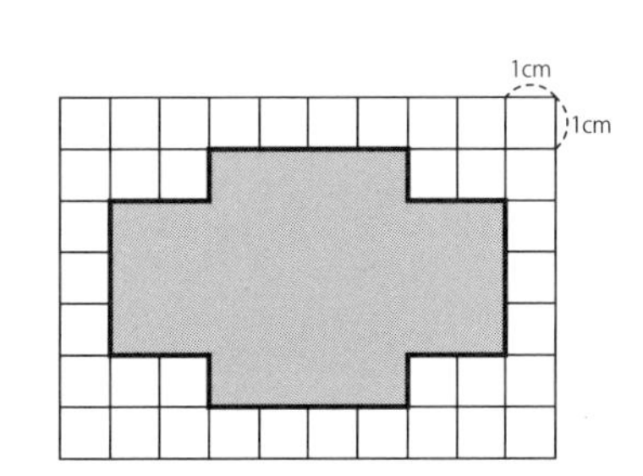

友だちのサイン

面積のはかり方と表し方4

＿＿組＿＿番　氏名＿＿＿＿＿＿

GOAL

全員が，単位が m でも公式を使って面積を計算することができる。

❶ カッコにてきとうな言葉を入れましょう。

1 辺が 1m の正方形の面積を（　　　　　　　　）といい，（　　　　　）と書きます。

❷ 長方形や正方形の面積の公式を使って，下の教室，理科室の面積をそれぞれ求めましょう。

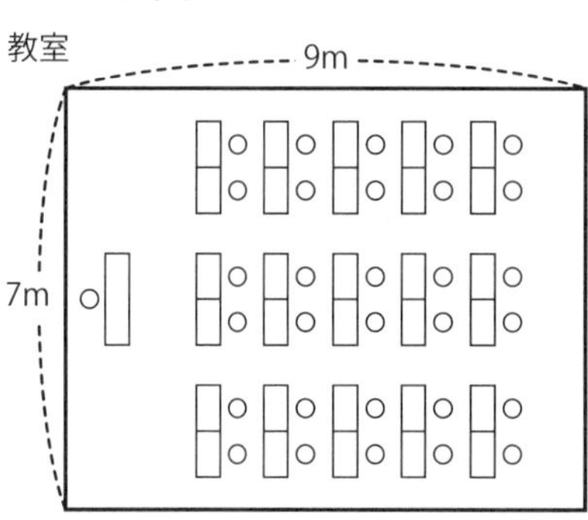

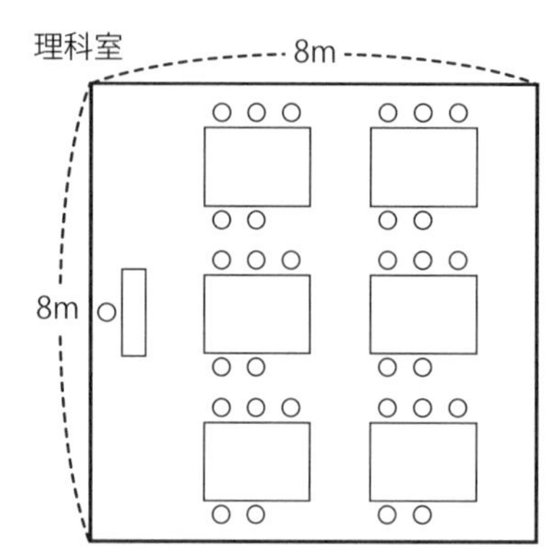

教室 ＿＿＿＿＿＿＿＿　　理科室 ＿＿＿＿＿＿＿＿

❸ バレーボールのコートの半分の面は，1 辺が 9m の正方形の形になっています。バレーボールコートの全体の面積を求めましょう。また，その計算の仕方を 3 人にせつ明し，なっとくしてもらえたらサインをもらいましょう。

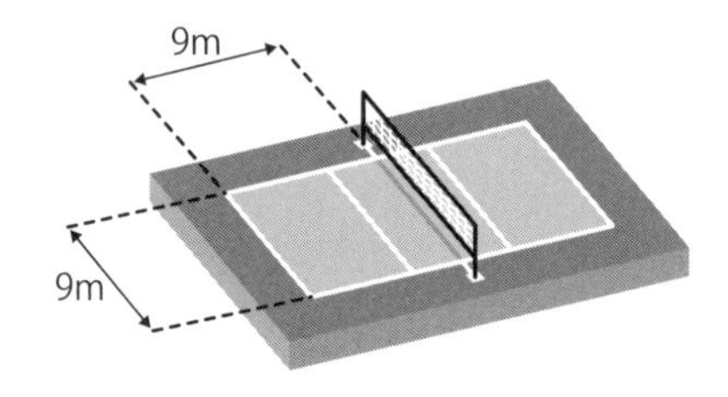

友だちのサイン

面積のはかり方と表し方 5

＿＿組＿＿番　氏名＿＿＿＿＿＿

GOAL

全員が，面積の単位の m^2 と cm^2 の大きさの関係をせつ明することができる。

❶ カッコにてきとうな言葉や数字を入れましょう。

$1m^2$ の正方形に，$1cm^2$ の正方形が，たてには（　　　　　）こ，横には

（　　　　　）こにならべることができます。

なので，100 × 100 =（　　　　　）

$1m^2$ =（　　　　　）cm^2

❷ 右のような長方形の形をした花だんの面積は何 m^2 ですか。また，何 cm^2 ですか。3人にせつ明し，なっとくしてもらえたらサインをもらいましょう。

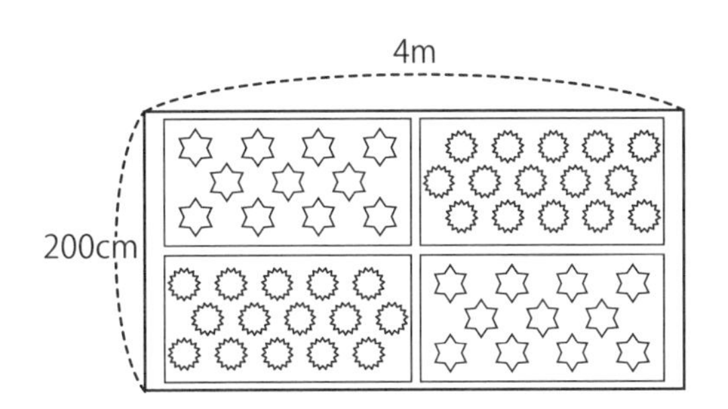

友だちのサイン

❸ 新聞紙を使って，1辺が 1m の正方形を作りましょう。

❹ $1m^2$ に何人のれるか，❸の正方形を使ってためしてみましょう。

面積のはかり方と表し方 6

＿＿＿組＿＿＿番　氏名＿＿＿＿＿＿＿＿＿＿

GOAL

全員が，面積の単位の，a と ha，m^2 のそれぞれの大きさの関係をせつ明することができる。

❶ たてが 20m，横が 40m の長方形の形をした畑の面積は，何 m^2 ですか。

❷ カッコにてきとうな数値や言葉を入れましょう。

100m^2 の面積を（　　　　　　）といい，（　　　　　　）と書きます。

❸ ❶の畑の面積は何 a ですか。

100m^2 が 1a（　　　　　　）なので，800m^2 は（　　　　　　）a になる。

❹ 1 辺が 30m の正方形の形をした公園の面積は何 a ですか。

❺ 1 辺が 300m の正方形の形をした牧場の面積は何 m^2 ですか。

❻ カッコにてきとうな数値や言葉を入れましょう。

10000m^2 の面積を（　　　　　　）といい，（　　　　　　）と書きます。

❼ ❺の牧場の面積は何 ha ですか。

❽ 1ha は何 a ですか。3 人にせつ明し，なっとくしてもらえたら，サインをもらいましょう。

友だちのサイン

課題11 小数のしくみ

めあて（GOAL）		課題
1	全員が，0.1より小さな小数の書き方と読み方をせつ明することができる。	❶ カッコにてきとうな言葉や数値を入れましょう。 ❷ 0.05L，0.09L，0.1Lは，それぞれ0.01Lを何こ集めた数ですか。 ❸ 右の図の水のかさは何Lですか。 ❹ 下の数直線を見て答えましょう。その答えを3人にせつ明し，なっとくしてもらえたらサインをもらいましょう。
2	全員が，0.01より小さな小数の書き方と読み方をせつ明することができる。	❶ カッコにてきとうな言葉や数値を入れましょう。 ❷ 1.435mの4は何が4こあることを表していますか。また，3は何が3こあることを表していますか。 ❸ 0.001mの5こ分は何mですか。 ❹ 0.003m，0.006m，0.01mは，0.001mを何こ集めた長さですか。 ❺ 下の数直線のア，イ，ウ，エのめもりが表す長さは何mですか。また何と読みますか。3人にせつ明をして，なっとくしてもらえたらサインをもらいましょう。
3	全員が，kgとgや，mとcmで表されている数字を，kg単位，m単位にまとめて表すことができる。	❶ カッコにてきとうな数値を入れましょう。 ❷ 300g，20g，5gはそれぞれ何kgですか。 ❸ 1kg325gを，kg単位で表しましょう。 ❹ 次の重さを，kg単位で表しましょう。 ❺ 2m72cmをm単位で表しましょう。それを3人にせつ明し，なっとくしてもらえたらサインをもらいましょう。
4	全員が，小数の位取りについてせつ明することができる。	❶ 4.384は1，0.1，0.01，0.001をそれぞれ何こ集めた数ですか。 ❷ 4.384の3は何の位の数字ですか。 ❸ カッコにてきとうな言葉を入れましょう。 ❹ 9.706は，1，0.1，0.01，0.001をそれぞれ何こ集めた数ですか。 ❺ 6.078という数字について，下の問題を3人にせつ明し，なっとくしてもらえたらサインをもらいましょう。

5	**全員が，数直線を使って，小数の大きさをくらべることができる。**	次の小数の大きさをくらべましょう。 ア 3.3　イ 3.66　ウ 3.08　エ 3.8 ❶ イ，ウ，エの数を右の表に書いて，ア～エの数の大きさをくらべましょう。 ❷ 下の数直線で，いちばん小さい 1 めもりが表している大きさはいくつですか。また❶のア，イ，ウ，エの数を表すめもりに↑をかきましょう。 ❸ カッコに当てはまる不等号を書きましょう。 ❹ 次の数を，小さい順にならべましょう。それを数直線を使って 3 人にせつ明し，なっとくしてもらえたらサインをもらいましょう。
6	**全員が，小数のいろいろな表し方をせつ明することができる。**	❶ 数直線で，いちばん小さいめもりが表している大きさはいくつですか。 ❷ ❶の数直線に，3.45 を表すめもりに↑をかきましょう。 ❸ 4 人それぞれの，3.45 という数字の表し方が下にあります。カッコにてきとうな数字を入れましょう。 ❹ 右の数直線に，ア～オの数を表すめもりに↑をかきましょう。

小数のしくみ 1

　　組　　番　氏名

GOAL

全員が，0.1 より小さな小数の書き方と読み方をせつ明することができる。

❶ カッコにてきとうな言葉や数値を入れましょう。

0.01L の 8 こ分は，（　　　　）と書き，（　　　　　　）と読む。

❷ 0.05L，0.09L，0.1L は，それぞれ 0.01L を何こ集めた数ですか。

0.05L　は　□　こ，　0.09L　は　□　こ，　0.1L　は　□　こ

❸ 右の図の水のかさは何 L ですか。

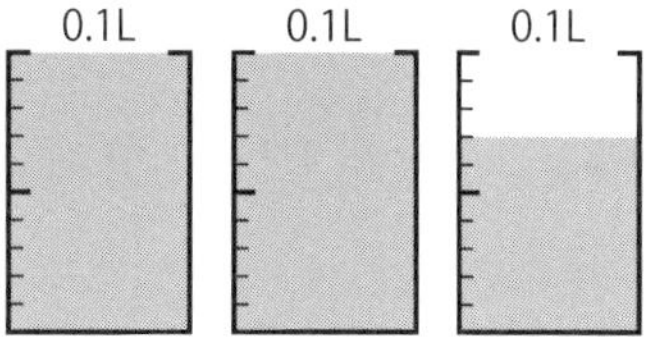

0.1L　0.1L　0.1L

□

❹ 下の数直線を見て答えましょう。その答えを 3 人にせつ明し，なっとくしてもらえたらサインをもらいましょう。

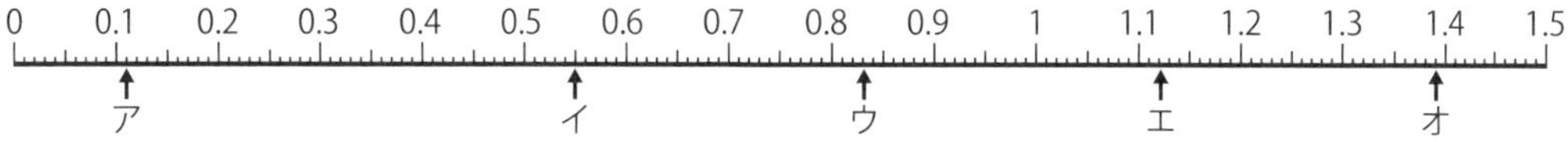

0　0.1　0.2　0.3　0.4　0.5　0.6　0.7　0.8　0.9　1　1.1　1.2　1.3　1.4　1.5

ア　イ　ウ　エ　オ

(1) いちばん小さい 1 めもりは，どんな大きさを表していますか。

（　　　　　　　　　　）

(2) ア，イ，ウ，エ，オのめもりが表す長さは何 m ですか。

ア：（　　）イ：（　　）ウ：（　　）エ：（　　）オ：（　　）

(3) 0.65，1.18 を表すめもりに↑をかきましょう。

友だちのサイン

小数のしくみ 2

＿＿組＿＿番　氏名＿＿＿＿＿＿

GOAL

全員が，0.01 より小さな小数の書き方と読み方をせつ明することができる。

❶ カッコにてきとうな言葉や数値を入れましょう。

0.01m の $\frac{1}{10}$ を（　　　　　　）と書き，

（　　　　　　　　　　　　）と読む。

❷ 1.435m の 4 は何が 4 こあることを表していますか。また，3 は何が 3 こあることを表していますか。

4 は □ が □ こ　　3 は □ が □ こ

❸ 0.001m の 5 こ分は何 m ですか。

□

❹ 0.003m，0.006m，0.01m は，0.001m を何こ集めた長さですか。

0.003m は □ こ，0.006m は □ こ，0.01m は □ こ

❺ 下の数直線のア，イ，ウ，エのめもりが表す長さは何 m ですか。また何と読みますか。3 人にせつ明をして，なっとくしてもらえたらサインをもらいましょう。

4.28　4.29　4.3　4.31　4.32

ア　イ　ウ　エ

ア（　　　　　　　　）

イ（　　　　　　　　）

ウ（　　　　　　　　）

エ（　　　　　　　　）

友だちのサイン

小数のしくみ 3

＿＿組＿＿番　氏名＿＿＿＿＿＿

GOAL

全員が，kg と g や，m と cm で表されている数字を，kg 単位，m 単位にまとめて表すことができる。

❶ カッコにてきとうな数値を入れましょう。

100g ……1kg の $\frac{1}{10}$ ………………………… 0.1kg

10g ……(　　　　) kg の $\frac{1}{10}$ ……(　　　　) kg

1g ……(　　　　) kg の $\frac{1}{10}$ ……(　　　　) kg

❷ 300g，20g，5g はそれぞれ何 kg ですか。

300g ……［　　　］kg　　5g ……［　　　］kg

20g ……［　　　］kg

❸ 1kg325g を，kg 単位で表しましょう。

［　　　］kg

❹ 次の重さを，kg 単位で表しましょう。

3kg284g →［　　　］kg　　927g →［　　　］kg

5kg 80g →［　　　］kg　　75g →［　　　］kg

❺ 2m72cm を m 単位で表しましょう。それを 3 人にせつ明し，なっとくしてもらえたらサインをもらいましょう。

［　　　　　　　　］

友だちのサイン［　　］［　　］［　　］

小数のしくみ 4

＿＿組＿＿番　氏名＿＿＿＿＿＿

GOAL

全員が，小数の位取りについてせつ明することができる。

❶ 4.384 は 1，0.1，0.01，0.001 をそれぞれ何こ集めた数ですか。

1 を［　］こ，0.1 を［　］こ，0.01 を［　］こ，0.001 を［　］こ集めた数。

❷ 4.384 の 3 は何の位の数字ですか。

［　　　　］

❸ カッコにてきとうな言葉を入れましょう。

$\frac{1}{10}$ の位の右の位を順に，（　　　　　），（　　　　　）という。

また，それぞれ（　　　　　），（　　　　　）という。

❹ 9.706 は，1，0.1，0.01，0.001 をそれぞれ何こ集めた数ですか。

1 を［　］こ，0.1 を［　］こ，0.01 を［　］こ，0.001 を［　］こ集めた数。

❺ 6.078 という数字について，下の問題を 3 人にせつ明し，なっとくしてもらえたらサインをもらいましょう。

（1）$\frac{1}{100}$ の位の数字は何ですか。

［　　　　］

（2）8 は何の位の数字ですか。また，何が 8 こあることを表していますか。

［　　　　］の位の数字　［　　　　］が 8 こある

友だちのサイン

小数のしくみ 5

組　　番　氏名

GOAL

全員が，数直線を使って，小数の大きさをくらべることができる。

次の小数の大きさをくらべましょう。

ア 3.3　　イ 3.66　　ウ 3.08　　エ 3.8

❶ イ，ウ，エの数を右の表に書いて，ア～エの数の大きさをくらべましょう。

		一の位	. $\frac{1}{10}$の位	$\frac{1}{100}$の位	$\frac{1}{1000}$の位
ア	3.30……	3	3	0	0
イ	3.66……	3	6	6	0
ウ	3.08……	3	0	8	0
エ	3.80……	3	8	0	0

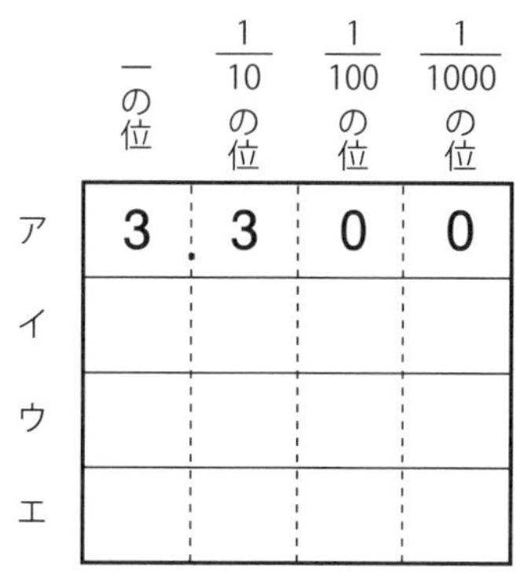

	一の位	$\frac{1}{10}$の位	$\frac{1}{100}$の位	$\frac{1}{1000}$の位
ア	3.	3	0	0
イ				
ウ				
エ				

❷ 下の数直線で，いちばん小さい１めもりが表している大きさはいくつですか。また❶のア，イ，ウ，エの数を表すめもりに↑をかきましょう。

いちばん小さい１めもりは

❸ カッコに当てはまる不等号を書きましょう。

4.305（　　　）4.32　　　　17.102（　　　）17.08

❹ 次の数を，小さい順にならべましょう。それを数直線を使って３人にせつ明し，なっとくしてもらえたらサインをもらいましょう。

0.12　　0　　0.09　　0.01　　0.007

友だちのサイン

小数のしくみ 6

組　　番　氏名

GOAL

全員が，小数のいろいろな表し方をせつ明することができる。

❶ 数直線で，いちばん小さいめもりが表している大きさはいくつですか。

3　　4

❷ ❶の数直線に，3.45 を表すめもりに↑をかきましょう。

❸ 4 人それぞれの，3.45 という数字の表し方が下にあります。
カッコにてきとうな数字を入れましょう。

ひろみさん　3.45 は 3 と（　　　）をあわせた数です。

たいきさん　3.45 は 3.5 より（　　　）小さい数です。

ゆみさん　3.45 は 1 を 3 こ，0.1 を（　　　）こ，0.01 を（　　　）こ
あわせた数です。

じゅんさん　3.45 は 0.01 を（　　　）こ集めた数です。

❹ 右の数直線に，ア～オの数を表すめもりに↑をかきましょう。

ア　7 と 0.65 をあわせた数

イ　8 より 0.07 小さい数

ウ　7.5 より 0.03 大きい数

エ　0.01 を 721 こ集めた数

オ　1 を 7 こ，0.1 を 3 こ，0.01 を 4 こあわせた数

7　　8

友だちのサイン

課題12 変わり方調べ

	めあて（GOAL）	課題
1	全員が，正三角形をいくつかならべたときの，まわりの長さの求め方をせつ明することができる。	❶ 正三角形の数とまわりの長さを，下の表にまとめましょう。 ❷ 正三角形の数が1ずつふえると，まわりの長さはどのように変わりますか。 ❸ まわりの長さの数は，正三角形の数にいくつたしたものですか。 ❹ カッコにてきとうな数字を入れながら正三角形の数を□こ，まわりの長さを○ cmとして，□と○の関係を式に表しましょう。 ❺ 正三角形の数が20このときの，まわりの長さを求めましょう。 ❻ まわりの長さが14cmのときの，正三角形の数は何こですか。求め方を3人にせつ明し，なっとくしてもらえたらサインをもらいましょう。
2	全員が，正方形をいくつかならべたときの，まわりの長さの求め方をせつ明することができる。	❶ だんの数とまわりの長さを，下の表にまとめましょう。 ❷ 上の表を見て，しんじさん，みほさんは下のようなきまりを見つけました。2人がせつ明した文章のカッコに入る数字を書きましょう。 ❸ みほさんが見つけたきまりを使って，20だんのときのまわりの長さを求めましょう。 ❹ カッコにてきとうな数を入れながら，だんの数を□だん，まわりの長さを○ cmとして，□と○の関係を式に表しましょう。 ❺ だんの数□が50だんのとき，まわりの長さ○は何cmですか。 ❻ まわりの長さ○が60cmのとき，だんの数□は何だんですか。求め方を3人にせつ明し，なっとくしてもらえたらサインをもらいましょう。

変わり方調べ 1

＿＿組＿＿番　氏名＿＿＿＿＿＿

GOAL

全員が，正三角形をいくつかならべたときの，まわりの長さの求め方をせつ明することができる。

❶ 正三角形の数とまわりの長さを，下の表にまとめましょう。

三角形１こ　　２こ　　３こ

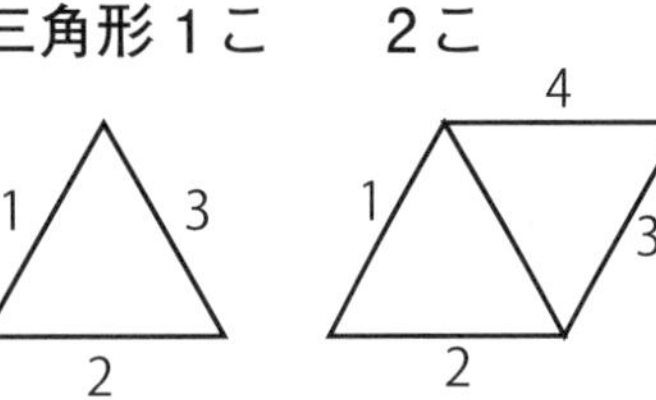

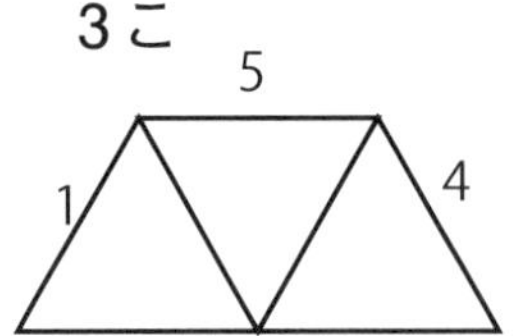

正三角形の数（こ）	1	2	3	4	5
まわりの長さ（cm）					

❷ 正三角形の数が１ずつふえると，まわりの長さはどのように変わりますか。

（　　　　　　　　　　　　　　　　　　　　　　　　）

❸ まわりの長さの数は，正三角形の数にいくつたしたものですか。

（　　　　　　　　　　　　　　　　　　　　　　　　）

❹ カッコにてきとうな数字を入れながら，正三角形の数を□こ，まわりの長さを○ cm として，□と○の関係を式に表しましょう。

正三角形の数　　　　　　　まわりの長さ

1　＋　2　＝　③

2　＋　2　＝　（　　　）

3　＋　2　＝　（　　　）　［ 式 ］＿＿＿＿＿＿＿＿

❺ 正三角形の数が 20 このときの，まわりの長さを求めましょう。

［ 式 ］＿＿＿＿＿＿＿＿　　［ 答え ］＿＿＿＿＿＿＿＿

❻ まわりの長さが 14cm のときの，正三角形の数は何こですか。求め方を３人にせつ明し，なっとくしてもらえたらサインをもらいましょう。

友だちのサイン

変わり方調べ 2

組　　番　氏名

GOAL

全員が，正方形をいくつかならべたときの，まわりの長さの求め方をせつ明することができる。

❶ だんの数とまわりの長さを，下の表にまとめましょう。

1 だん

4
1 3
2

2 だん

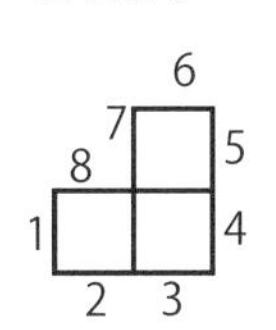

3 だん

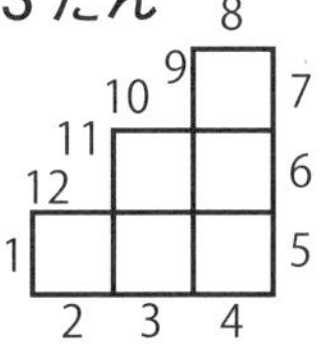

だんの数（だん）	1	2	3	4	5	6
まわりの長さ（cm）						

❷ 上の表を見て，しんじさん，みほさんは下のようなきまりを見つけました。2 人がせつ明した文章のカッコに入る数字を書きましょう。

しんじさん

だんの数が 1 ずつふえると，まわりの長さは（　　　　）ずつふえる。

みほさん

だんの数の（　　　　）倍が，まわりの長さを表す数になっている。

❸ みほさんが見つけたきまりを使って，20 だんのときの，まわりの長さを求めましょう。

［ 式 ］＿＿＿＿＿＿＿＿＿＿　　［ 答え ］＿＿＿＿＿＿＿＿

❹ カッコにてきとうな数を入れながら，だんの数を□だん，まわりの長さを○ cm として，□と○の関係を式に表しましょう。

だんの数　　　　　　まわりの長さ

1 × 4 = ④

2 × 4 = （　　　）

3 × 4 = （　　　）　　［ 式 ］＿＿＿＿＿＿＿＿

❺ だんの数□が 50 だんのとき，まわりの長さ○は何 cm ですか。

［ 式 ］＿＿＿＿＿＿＿＿＿＿　　［ 答え ］＿＿＿＿＿＿＿＿

❻ まわりの長さ○が 60cm のとき，だんの数□は何だんですか。求め方を 3 人にせつ明し，なっとくしてもらえたらサインをもらいましょう。

友だちのサイン

課題13 小数のかけ算とわり算

めあて（GOAL）		課題
1	全員が，小数のかけ算は，はじめに10倍して，整数にして，計算をかんたんにしてから，積を10でわれば求められることをせつ明することができる。	❶ 1本0.4L入りのジュースがあります。 (1) このジュースを6本買うと，ジュースは全部で何Lになりますか。下の図を参考にして式を書いて，その式になった理由も書いてみましょう。 (2) 下の図はしんじさんとかおりさんの考えです。それぞれの考えを3人にせつ明し，なっとくしてもらえたらサインをもらいましょう。 ❷ 整数×整数の計算の仕方をもとにして，小数×整数の計算の仕方をせつ明した文が下にあります。カッコにてきとうな数字や言葉を入れましょう。
2	全員が，小数のかけ算の筆算は，位をそろえなくても計算できることをせつ明することができる。	❶ 1こで3.7L入るバケツがあります。このバケツ6こでは，水は全部で何L入りますか。ひろみさんの考えの□にてきとうな数字を入れましょう。 ❷ カッコにてきとうな数字や言葉を入れましょう。 ❸ 24×7＝168をもとにして，2.4×7の積を求めましょう。 ❹ 練習問題をとき，そのとき方を3人にせつ明し，なっとくしてもらえたらサインをもらいましょう。
3	全員が，小数のかけ算の筆算の仕方をせつ明することができる。	❶ 下の筆算の仕方をせつ明しましょう。 ❷ 1.5×53の筆算の仕方について，下の問いに答えましょう。 ❸ 練習問題をとき，そのとき方を3人にせつ明し，なっとくしてもらえたらサインをもらいましょう。
4	全員が，小数第二位の小数のかけ算の仕方をせつ明することができる。	❶ 1.36を何倍したら136になりますか。 ❷ 1.25×8の計算の仕方をせつ明しましょう。また，□の中にてきとうな数字を入れましょう。 ❸ 512×4＝2048をもとにして，5.12×4の積を求め，その求め方を3人にせつ明し，なっとくしてもらえたらサインをもらいましょう。 ❹ 練習問題をとき，そのとき方を3人にせつ明し，なっとくしてもらえたらサインをもらいましょう。

5	**全員が，小数のわり算の筆算の仕方をせつ明することができる。**	❶ 水が 7.8L あります。この水を 3 人で等分すると，1 人分は何 L になりますか。この問題の 2 人の考えが下にあります。□にてきとうな数字を入れましょう。 ❷ 2.6 × 3 の計算をして，けん算をしましょう。 ❸ 練習問題をとき，そのとき方を 2 人にせつ明し，なっとくしてもらえたらサインをもらいましょう。
6	**全員が，8.43 ÷ 3，0.24 ÷ 6 の筆算の仕方をせつ明することができる。**	❶ 右の筆算で，［24］はどんな数が 24 こあることを表していますか。 ❷ 右の筆算で，［6］はどんな数が 6 こあることを表していますか。 ❸ 0.24 ÷ 6 の筆算の仕方をせつ明しましょう。 ❹ 練習問題をとき，そのとき方を 3 人にせつ明し，なっとくしてもらえたらサインをもらいましょう。
7	**全員が，あまりのある小数のわり算の筆算の仕方をせつ明することができる。**	❶ 右の筆算で，いちばん下の［23］は，どんな数が 23 こあることを表していますか。 ❷ 66.3 ÷ 4 の計算をしてあまりまで書きましょう。 ❸ ❷のわり算のけん算をしましょう。 ❹ 練習問題をとき，そのとき方を 3 人にせつ明し，なっとくしてもらえたらサインをもらいましょう。
8	**全員が，小数を使って，わり算をわりきれるまで計算しつづける方ほうをせつ明することができる。**	❶ 6 ÷ 4 の計算の仕方をせつ明しています。□やカッコにてきとうな数字や言葉を入れましょう。 ❷ 5 ÷ 4 の筆算で，計算をつづける仕方をせつ明しましょう。 ❸ 練習問題をわりきれるまで計算し，そのとき方を 3 人にせつ明し，なっとくしてもらえたらサインをもらいましょう。

9	**全員が，小数のわり算を，わりきれる場合は計算しつづけ，わりきれない場合は四捨五入をして計算する方ほうをせつ明することができる。**	❶ 1.7 ÷ 5 の計算を，わりきれるまで計算しましょう。 ❷『13 ÷ 3 の答えを四捨五入して，上から 2 けたのがい数で求めましょう』という問題のせつ明が下にあります。（　）にてきとうな数字を入れましょう。また，計算のつづきをしましょう。 ❸ 練習問題の商は四捨五入して，上から 2 けたのがい数で答えなさい。そのとき方を 3 人にせつ明し，なっとくしてもらえたらサインをもらいましょう。

小数のかけ算とわり算 1

_____組_____番　氏名__________________

GOAL

全員が，小数のかけ算は，はじめに 10 倍して，整数にして，計算をかんたんにしてから，積を 10 でわれば求められることをせつ明することができる。

❶ 1 本 0.4L 入りのジュースがあります。

(1) このジュースを 6 本買うと，ジュースは全部で何 L になりますか。下の図を参考にして式を書いて，その式になった理由も書いてみましょう。

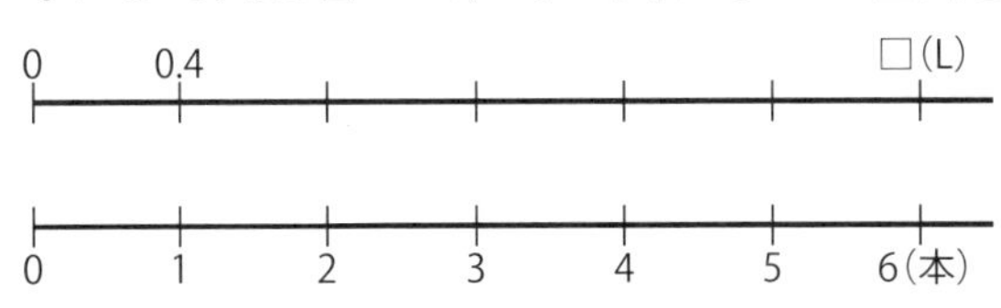

[式] ____________________　[答え] __________

[理由] ______________________________

(2) 下の図はしんじさんとかおりさんの考えです。それぞれの考えを 3 人にせつ明し，なっとくしてもらえたらサインをもらいましょう。

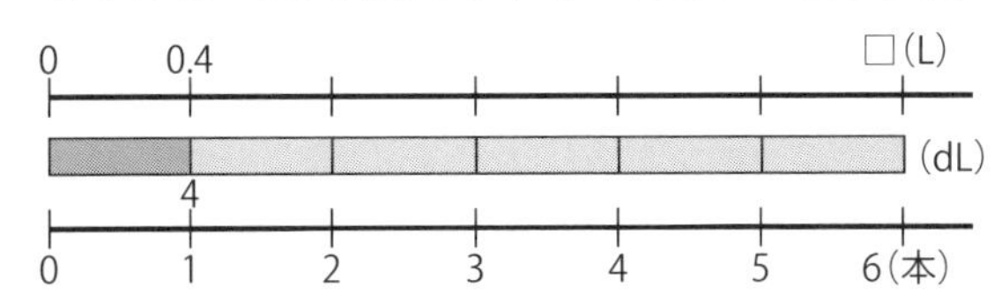

しんじさんの考え

0　0.4　□(L)

0.1L

0　1　2　3　4　5　6(本)

かおりさんの考え

友だちのサイン

❷ 整数×整数の計算の仕方をもとにして，小数×整数の計算の仕方をせつ明した文が下にあります。カッコにてきとうな数字や言葉を入れましょう。

0.3 × 6 の積は，0.3 を（　　　　　）して，3 × 6 の計算をし，

その積を（　　　　　　　　）求められる。

小数のかけ算とわり算 2

＿＿組＿＿番　氏名＿＿＿＿＿＿

GOAL

全員が，小数のかけ算の筆算は，位をそろえなくても計算できることをせつ明することができる。

❶ 1 こで 3.7L 入るバケツがあります。
このバケツ 6 こでは，水は全部で何 L 入りますか。
ひろみさんの考えにてきとうな数字を入れましょう。

ひろみさんの考え

$3.7 \times 6 =$ □

↓ 10 倍　　↓ 10 倍　　□

$37 \times 6 =$ 222

❷ カッコにてきとうな数字や言葉を入れましょう。

3.7×6 の積も，3.7 を（　　　　）して，37×6 の計算をし，

その積を（　　　　）求められる。

$3.7 \times 6 =$（　　　　）　　答え（　　　　）L

❸ $24 \times 7 = 168$ をもとにして，2.4×7 の積を求めましょう。

❹ 練習問題をとき，そのとき方を 3 人にせつ明し，なっとくしてもらえたらサインをもらいましょう。

$1.3 \times 3 =$　　　　$11.2 \times 4 =$　　　　$31.2 \times 7 =$

友だちのサイン

小数のかけ算とわり算 3

組　　番　氏名

GOAL

全員が，小数のかけ算の筆算の仕方をせつ明することができる。

❶ 下の筆算の仕方をせつ明しましょう。

(1)
```
   0.3
×    5
   1.5
```

(2)
```
   0.5
×    6
   3.0
```
（0に斜線）

(3)
```
   4.5
×    6
 2 7.0
```
（0に斜線）

(1) (　　　　　　　　　　　　　　　　　　　　　　)

(2) (　　　　　　　　　　　　　　　　　　　　　　)

(3) (　　　　　　　　　　　　　　　　　　　　　　)

❷ 1.5 × 53 の筆算の仕方について，下の問いに答えましょう。

```
   1.5
× 5 3
   4 5
 7 5
```

(1) 45，75 は，それぞれどんな計算で求めたものですか。

(2) 積に小数点をうつときに，小数点の位置はどのようにして決めればよいでしょうか。右上の筆算に書きこみながらせつ明しましょう。

❸ 練習問題をとき，そのとき方を 3 人にせつ明し，なっとくしてもらえたらサインをもらいましょう。

```
   0.8        3.5        4 2.5
× 2 4      × 4 7      ×    1 3
```

友だちのサイン

小数のかけ算とわり算 4

＿＿組＿＿番　氏名＿＿＿＿＿＿

GOAL

全員が，小数第二位の小数のかけ算の仕方をせつ明することができる。

❶ 1.36 を何倍したら 136 になりますか。

❷ 1.25 × 8 の計算の仕方をせつ明しましょう。
また，□の中にてきとうな数字を入れましょう。

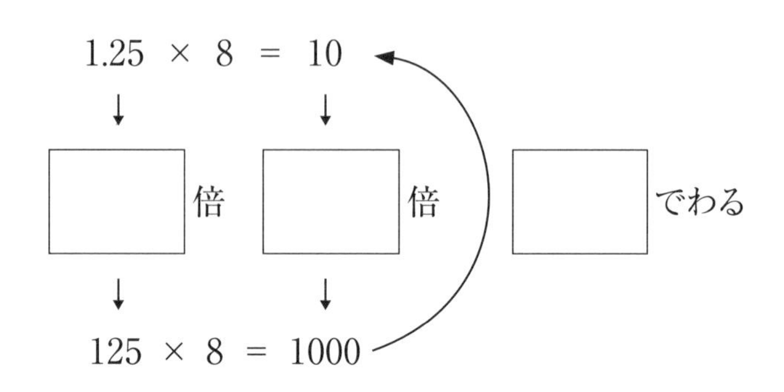

❸ 512 × 4 ＝ 2048 をもとにして，5.12 × 4 の積を求め，その求め方を 3 人にせつ明し，なっとくしてもらえたらサインをもらいましょう。

友だちのサイン

❹ 練習問題をとき，そのとき方を 3 人にせつ明し，なっとくしてもらえたらサインをもらいましょう。

$4.21 \times 5 =$　　　$6.03 \times 11 =$　　　$5.46 \times 24 =$

友だちのサイン

小数のかけ算とわり算 5

＿＿組＿＿番　氏名＿＿＿＿＿＿

GOAL

全員が，小数のわり算の筆算の仕方をせつ明することができる。

❶ 水が 7.8L あります。この水を 3 人で等分すると，1 人分は何 L になりますか。この問題の 2 人の考えが下にあります。□にてきとうな数字を入れましょう。

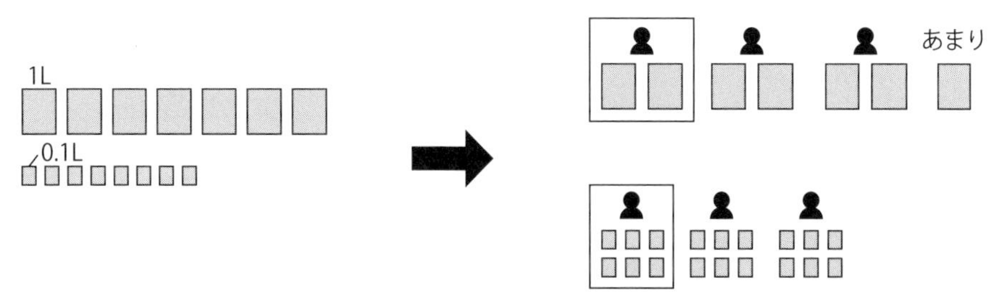

みゆきさんの考え

7.8L を 7L と 0.8L に分けて考える。

(1) 7L を 3 等分する。

7 ÷ 3 = □ あまり 1

1 人分は □ L で，1L あまる。

残りは，1L と 0.8L で，1.8L

(2) 1.8L を 3 等分する。

1.8L は 0.1L が □ こ分

□ ÷ 3 = □

1 人分は 0.6L

(3) 2L と □ L で，□ L

たかしさんの考え

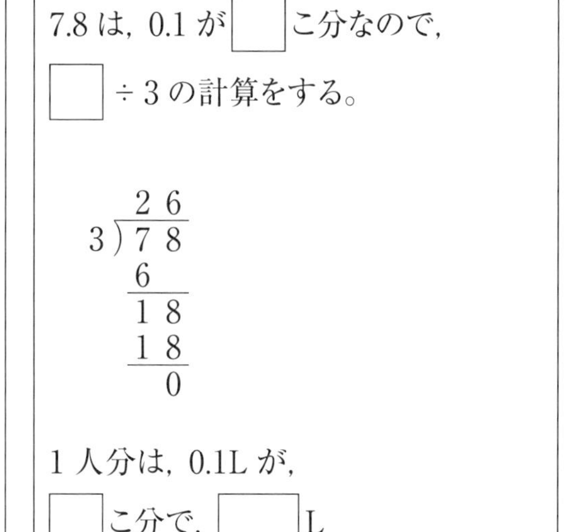

❷ 2.6 × 3 の計算をして，けん算をしましょう。

❸ 練習問題をとき，そのとき方を 2 人にせつ明し，なっとくしてもらえたらサインをもらいましょう。

6) 7.2

友だちのサイン

小数のかけ算とわり算 6

＿＿組＿＿番　氏名＿＿＿＿＿＿＿＿

GOAL

全員が，8.43 ÷ 3，0.24 ÷ 6 の筆算の仕方をせつ明することができる。

❶ 右の筆算で，24はどんな数が 24 こあることを表していますか。

（　　　　　）

❷ 右の筆算で，6 はどんな数が 6 こあることを表していますか。

（　　　　　）

```
    2.8 2
3 ) 8.4 6
    6
    [2 4]
    2 4
      [6]
        6
        0
```

❸ 0.24 ÷ 6 の筆算の仕方をせつ明しましょう。

❹ 練習問題をとき，そのとき方を 3 人にせつ明し，なっとくしてもらえたらサインをもらいましょう。

8) 9.4 4　　　　4) 1 0.1 2　　　　16) 3.8 4

友だちのサイン

小数のかけ算とわり算 7

＿＿組＿＿番　氏名＿＿＿＿＿＿

GOAL

全員が，あまりのある小数のわり算の筆算の仕方をせつ明することができる。

❶ 右の筆算で，いちばん下の23は，どんな数が 23 こあることを表していますか。

（　　　　　）

```
     1 6
 4 ) 6 6.3
     4
     2 6
     2 4
       [2 3]
```

❷ 66.3 ÷ 4 の計算をしてあまりまで書きましょう。

＿＿＿＿＿＿＿＿＿＿＿＿＿＿＿＿

❸ ❷のわり算のけん算をしましょう。

4	×	16	+	□	=	□
わる数		商		あまり		わられる数

❹ 練習問題をとき，そのとき方を 3 人にせつ明し，なっとくしてもらえたらサインをもらいましょう。

(1) 商を一の位まで求めて，あまりも出しましょう。また，けん算もしましょう。

7) 9 6.3

［ **けん算** ］＿＿＿＿＿＿＿＿＿＿

(2) 28.9m のひもがあります。このひもから 3m のひもは何本とれますか。また，何 m あまりますか。

［ **答え** ］＿＿＿＿＿＿＿＿＿＿

友だちのサイン

小数のかけ算とわり算 8

______組______番　氏名______________

GOAL

全員が，小数を使って，わり算をわりきれるまで計算しつづける方ほうをせつ明することができる。

❶ 6 ÷ 4 の計算の仕方をせつ明しています。□やカッコにてきとうな数字や言葉を入れましょう。

（1）
```
    1
4 ) 6
    4
   [2]
```

（2）
```
    1.[5]
4 ) 6.0
    4
    2 0
    2 0
      0
```

（1）の 2 は，0.1 の（　　　）こ分の大きさで，計算を続けると

20 ÷ 4 =（　　　）となるため，6 ÷ 4 =（　　　）となる。

❷ 5 ÷ 4 の筆算で，計算をつづける仕方をせつ明しましょう。

（1）
```
    1
4 ) 5
    4
    1
```

（2）
```
    1.2
4 ) 5.0
    4
    1 0
      8
      2
```

（3）
```
    1.2 5
4 ) 5.0 0
    4
    1 0
      8
      2 0
      2 0
        0
```

❸ 練習問題をわりきれるまで計算し，そのとき方を 3 人にせつ明し，なっとくしてもらえたらサインをもらいましょう。

8) 4.0　　　4) 2 7.0 0　　　13) 3.7 7

友だちのサイン

小数のかけ算とわり算 9

＿＿組＿＿番　氏名＿＿＿＿＿＿

GOAL

全員が，小数のわり算を，わりきれる場合は計算しつづけ，わりきれない場合は四捨五入をして計算する方ほうをせつ明することができる。

❶ 1.7 ÷ 5 の計算を，わりきれるまで計算しましょう。

❷ 『13 ÷ 3 の答えを四捨五入して，上から 2 けたのがい数で求めましょう』という問題のせつ明が下にあります。（　）にてきとうな数字を入れましょう。また，計算のつづきをしましょう。

上から 2 けたのがい数で求めなさい，という問題なので，上から（　　　）けたで四捨五入した方がよい。

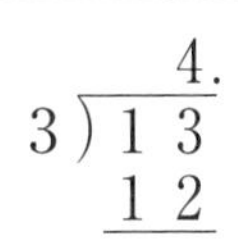

❸ 練習問題の商は四捨五入して，上から 2 けたのがい数で答えなさい。そのとき方を 3 人にせつ明し，なっとくしてもらえたらサインをもらいましょう。

8）35.5　　　　16）23.7

友だちのサイン

課題14 分数

	めあて（GOAL）	課題
1	**全員が，分数の表し方，「真分数」「仮分数」の意味をせつ明することができる。**	❶ ア～オの長さを，分数で表します。それぞれ何 m といえばよいでしょうか。 ❷ カッコにてきとうな言葉を入れましょう。 ❸ $\frac{5}{3}$m は，1m とあと何 m ですか。また，$\frac{11}{4}$m は，2m とあと何 m ですか。 ❹ カッコにてきとうな言葉を入れましょう。 ❺ 2m と $\frac{3}{4}$m をあわせた長さは何 m ですか。またどのように読みますか。3 人にせつ明し，なっとくしてもらえたらサインをもらいましょう。
2	**全員が，「帯分数」の意味や表し方をせつ明することができる。**	❶ カッコにてきとうな言葉を入れましょう。 ❷ 右の水のかさは何 L ですか。帯分数と仮分数の両方で表しましょう。 ❸ 色をぬった部分の長さを帯分数と仮分数の両方で表しましょう。 ❹ ア～ケのめもりが表す分数はいくつですか。1 より大きい分数は，仮分数と帯分数の両方で表しましょう。それを 3 人にせつ明し，なっとくしてもらえたらサインをもらいましょう。
3	**全員が，仮分数を帯分数に直す方ほうをせつ明することができる。**	❶ 数直線の□に当てはまる仮分数を書きましょう。 ❷ 整数と大きさの等しい仮分数の分子は，どのような数ですか。 ❸ $\frac{9}{4}$を帯分数に直す方ほうをせつ明しましょう。それを 3 人にせつ明し，なっとくしてもらえたらサインをもらいましょう。 ❹ 数直線の□に当てはまる帯分数を書きましょう。 ❺ 次の仮分数を帯分数か整数に直しましょう。

4	**全員が，帯分数を仮分数に直す方ほうをせつ明することができる。**	❶ 数直線の□に当てはまる帯分数や整数を書きましょう。 ❷ $2\frac{1}{3}$ の整数部分の2は，$\frac{1}{3}$ の何こ分ですか。 ❸ $2\frac{1}{3}$ を仮分数に直す方ほうをせつ明しましょう。 ❹ 数直線の□に当てはまる仮分数を書きましょう。 ❺ $3\frac{6}{10}$ を仮分数に直し，それを3人にせつ明し，なっとくしてもらえたらサインをもらいましょう。
5	**全員が，分数のたし算とひき算の仕方をせつ明することができる。**	❶ 新聞紙で，$\frac{4}{5}$ m^2 と $\frac{3}{5}$ m^2 の台紙をつくりました。 （1）あわせると，何 m^2 になりますか。式を書きましょう。 （2）$\frac{4}{5}$，$\frac{3}{5}$ は，それぞれ $\frac{1}{5}$ の何こ分ですか。 ❷ $\frac{7}{5}-\frac{3}{5}=\frac{4}{5}$ の計算の仕方をせつ明しましょう。 ❸ 下の練習問題をとき，それを3人にせつ明し，なっとくしてもらえたらサインをもらいましょう。
6	**全員が，帯分数のたし算は，整数と真分数に分ける方ほうと，仮分数にしてから計算する方ほうがあることをせつ明することができる。**	❶ $1\frac{2}{5}+3\frac{1}{5}$ の問題をけんじさんとさとみさんが下のように計算しました。それぞれの考えをせつ明しましょう。 ❷ $3\frac{4}{5}$ と $\frac{19}{5}$ が等しいことをせつ明しましょう。 ❸ $1\frac{2}{5}+\frac{4}{5}=1\frac{6}{5}=2\frac{1}{5}$ この計算の仕方をせつ明しましょう。それを3人にせつ明し，なっとくしてもらえたらサインをもらいましょう。 ❹ 練習問題をときましょう。

分数1

＿＿組＿＿番　氏名＿＿＿＿＿＿＿＿

GOAL

全員が，分数の表し方，「真分数」「仮分数」の意味をせつ明することができる。

❶ ア〜オの長さを，分数で表します。それぞれ何 m といえばよいでしょうか。

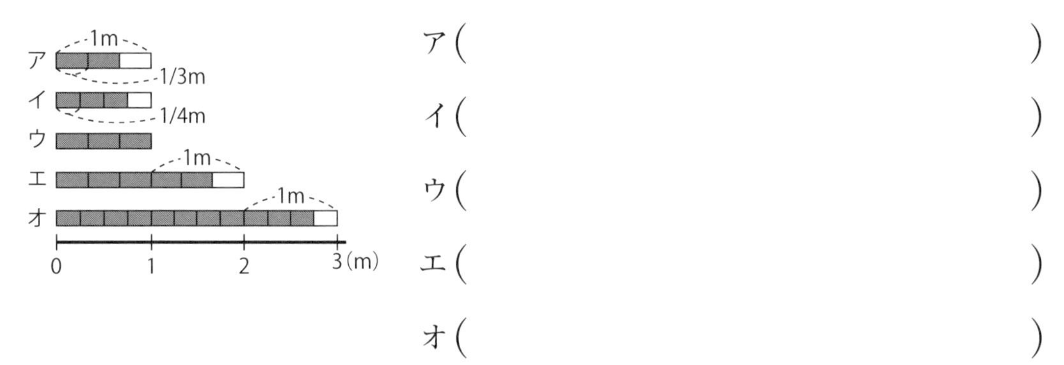

ア（　　　　　　　　　　　　　　）

イ（　　　　　　　　　　　　　　）

ウ（　　　　　　　　　　　　　　）

エ（　　　　　　　　　　　　　　）

オ（　　　　　　　　　　　　　　）

❷ カッコにてきとうな言葉を入れましょう。

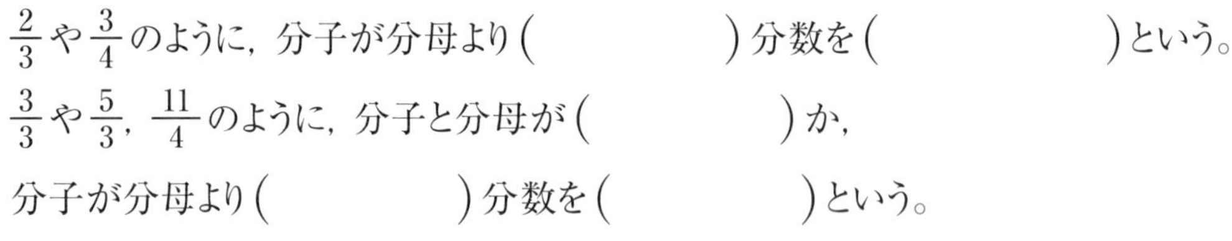

$\frac{2}{3}$ や $\frac{3}{4}$ のように，分子が分母より（　　　　　）分数を（　　　　　　）という。

$\frac{3}{3}$ や $\frac{5}{3}$，$\frac{11}{4}$ のように，分子と分母が（　　　　　）か，

分子が分母より（　　　　　）分数を（　　　　　）という。

❸ $\frac{5}{3}$ m は，1m とあと何 m ですか。また，$\frac{11}{4}$ m は，2m とあと何 m ですか。

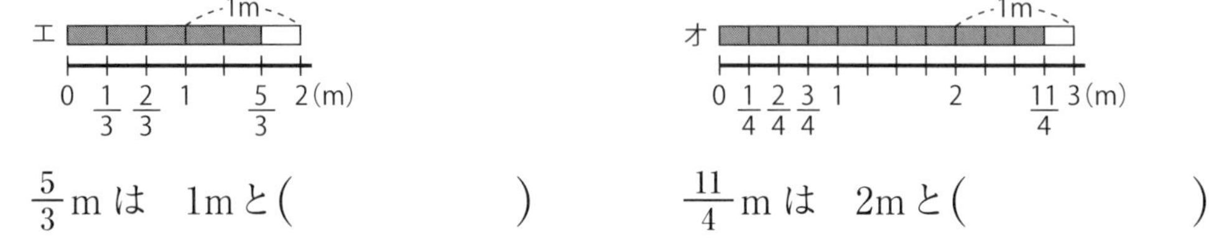

$\frac{5}{3}$ m は　1m と（　　　　　　）　　　$\frac{11}{4}$ m は　2m と（　　　　　　）

❹ カッコにてきとうな言葉を入れましょう。

1m と $\frac{2}{3}$ m をあわせた長さを $1\frac{2}{3}$ m と書き，

（　　　　　　　　　　　　　　）と読みます。

❺ 2m と $\frac{3}{4}$ m をあわせた長さは何 m ですか。またどのように読みますか。3 人にせつ明し，なっとくしてもらえたらサインをもらいましょう。

＿＿＿＿＿＿＿＿＿＿＿＿　（　　　　　　　　　　　　）

友だちのサイン

分数2

＿＿組＿＿番　氏名＿＿＿＿＿＿

GOAL

全員が，「帯分数」の意味や表し方をせつ明することができる。

❶ カッコにてきとうな言葉を入れましょう。

$1\frac{2}{3}$ や，$2\frac{3}{4}$ のように，整数と真分数の和で表されている

分数を（　　　　　）といいます。

❷ 右の水のかさは何Lですか。帯分数と仮分数の両方で表しましょう。

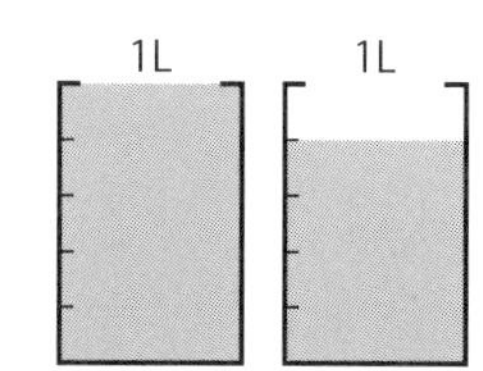

帯分数　（　　　　　）　　仮分数　（　　　　　）

❸ 色をぬった部分の長さを帯分数と仮分数の両方で表しましょう。

①　0　1　2(m)

②　0　1　2　3(m)

(1) 帯分数　（　　　）　仮分数　（　　　）

(2) 帯分数　（　　　）　仮分数　（　　　）

❹ ア～ケのめもりが表す分数はいくつですか。1より大きい分数は，仮分数と帯分数の両方で表しましょう。それを3人にせつ明し，なっとくしてもらえたらサインをもらいましょう。

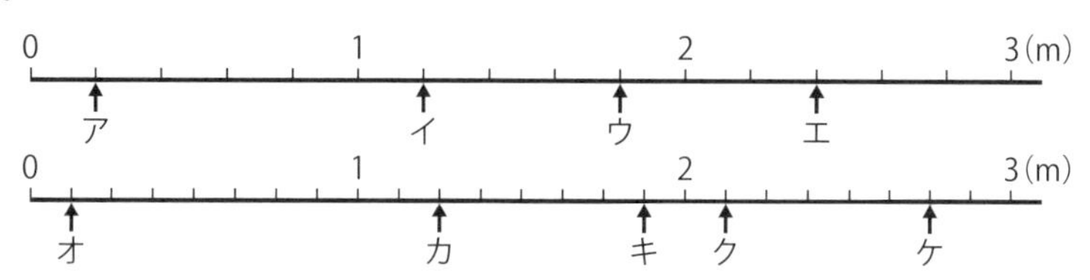

ア＿＿＿＿＿＿　　カ 帯分数＿＿＿＿＿＿　仮分数＿＿＿＿＿＿

イ 帯分数＿＿＿＿＿＿　仮分数＿＿＿＿＿＿　　キ 帯分数＿＿＿＿＿＿　仮分数＿＿＿＿＿＿

ウ 帯分数＿＿＿＿＿＿　仮分数＿＿＿＿＿＿　　ク 帯分数＿＿＿＿＿＿　仮分数＿＿＿＿＿＿

エ 帯分数＿＿＿＿＿＿　仮分数＿＿＿＿＿＿　　ケ 帯分数＿＿＿＿＿＿　仮分数＿＿＿＿＿＿

オ＿＿＿＿＿＿

友だちのサイン

分数3

＿＿組＿＿番　氏名＿＿＿＿＿＿

GOAL

全員が，仮分数を帯分数に直す方ほうをせつ明することができる。

❶ 数直線の□に当てはまる仮分数を書きましょう。

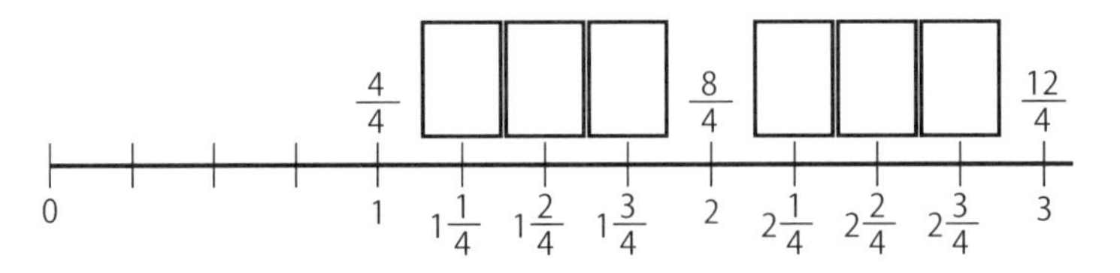

❷ 整数と大きさの等しい仮分数の分子は，どのような数ですか。

❸ $\frac{9}{4}$ を帯分数に直す方ほうをせつ明しましょう。それを 3 人にせつ明し，なっとくしてもらえたらサインをもらいましょう。

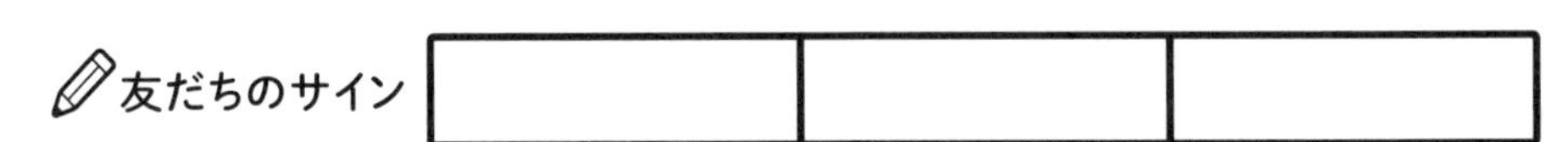

❹ 数直線の□に当てはまる帯分数を書きましょう。

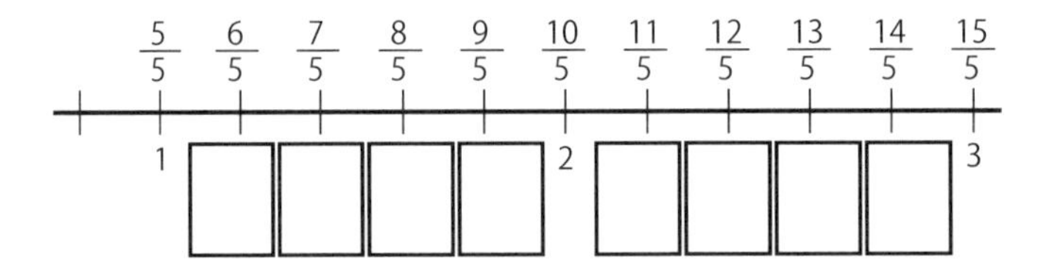

❺ 次の仮分数を帯分数か整数に直しましょう。

$\frac{9}{2}=$　　$\frac{16}{4}=$　　$\frac{13}{5}=$

$\frac{15}{5}=$　　$\frac{39}{6}=$

分数4

組　　番　氏名

GOAL

全員が，帯分数を仮分数に直す方ほうをせつ明することができる。

❶ 数直線の□に当てはまる帯分数や整数を書きましょう。

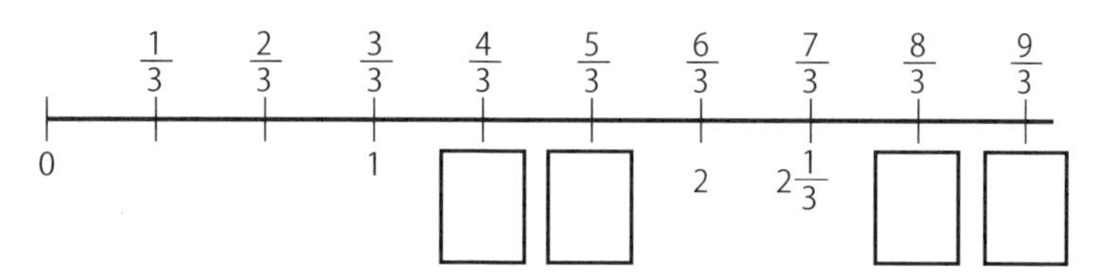

❷ $2\frac{1}{3}$ の整数部分の 2 は，$\frac{1}{3}$ の何こ分ですか。

❸ $2\frac{1}{3}$ を仮分数に直し，方ほうをせつ明しましょう。

$2\frac{1}{3} = \frac{\square}{3}$

$3 \times 2 + 1 = \square$

❹ 数直線の□に当てはまる仮分数を書きましょう。

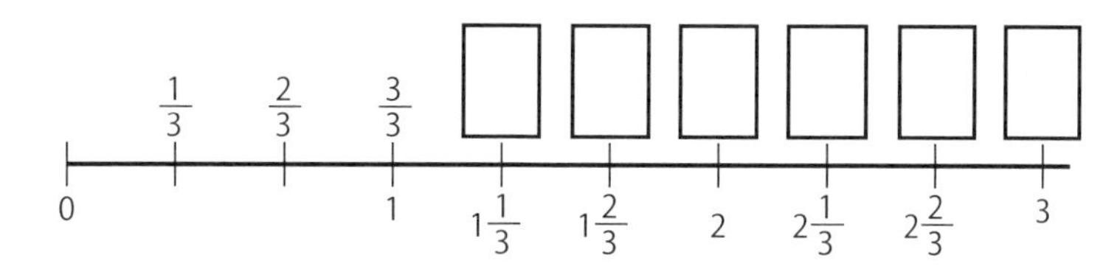

❺ $3\frac{6}{10}$ を仮分数に直し，それを 3 人にせつ明し，なっとくしてもらえたらサインをもらいましょう。

$3\frac{6}{10} = \frac{36}{10}$

仮分数（　　　　）

友だちのサイン

分数5

組　　番　氏名

GOAL

全員が，分数のたし算とひき算の仕方をせつ明することができる。

❶ 新聞紙で，$\frac{4}{5}$m² と $\frac{3}{5}$m² の台紙をつくりました。

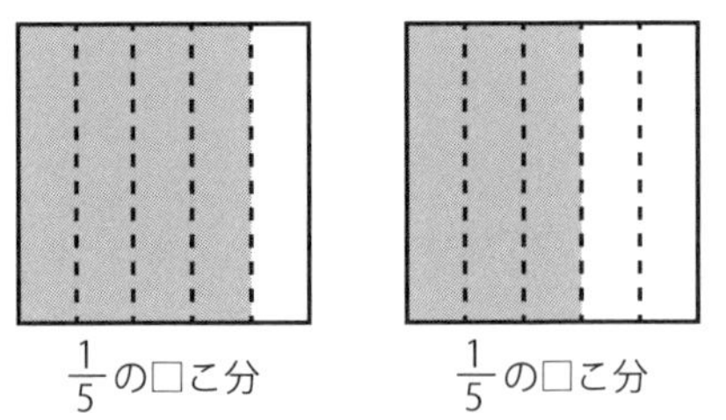

（1）あわせると，何 m² になりますか。式を書きましょう。

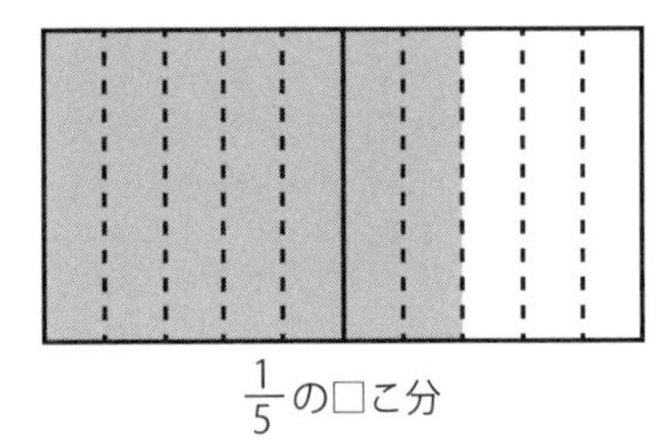

［ 式 ］

［ 答え ］

（2）$\frac{4}{5}$，$\frac{3}{5}$ は，それぞれ $\frac{1}{5}$ の何こ分ですか。

❷ $\frac{7}{5}-\frac{3}{5}=\frac{4}{5}$ の計算の仕方をせつ明しましょう。

❸ 下の練習問題をとき，それを 3 人にせつ明し，なっとくしてもらえたらサインをもらいましょう。

$\frac{3}{5}+\frac{3}{5}=$ □ $=$ □

$\frac{3}{7}+\frac{6}{7}=$ □ $=$ □

$\frac{7}{3}-\frac{3}{3}=$ □ $=$ □

$\frac{12}{5}-\frac{6}{5}=$ □ $=$ □

友だちのサイン

分数 6

＿＿組＿＿番　氏名＿＿＿＿＿＿

GOAL

全員が，帯分数のたし算は，整数と真分数に分ける方ほうと，仮分数にしてから計算する方ほうがあることをせつ明することができる。

❶ $1\frac{2}{5}+3\frac{1}{5}$ の問題をけんじさんとさとみさんが下のように計算しました。それぞれの考えをせつ明しましょう。

けんじさんの考え　　[**せつ明**]

$1\frac{2}{5}+3\frac{1}{5}=4+\frac{3}{5}=4\frac{3}{5}$

さとみさんの考え　　[**せつ明**]

$1\frac{2}{5}+3\frac{1}{5}=\frac{7}{5}+\frac{16}{5}=\frac{23}{5}$

❷ $3\frac{4}{5}$ と $\frac{19}{5}$ が等しいことをせつ明しましょう。

❸ $1\frac{2}{5}+\frac{4}{5}=1\frac{6}{5}=2\frac{1}{5}$　この計算の仕方をせつ明しましょう。それを3人にせつ明し，なっとくしてもらえたらサインをもらいましょう。

友だちのサイン 

❹ 練習問題をときましょう。

$1\frac{1}{5}+2\frac{3}{5}=$ ☐ $=$ ☐　　$2\frac{2}{3}+1\frac{1}{3}=$ ☐ $=$ ☐

$\frac{11}{4}+\frac{9}{4}=$ ☐ $=$ ☐　　$\frac{12}{7}+2\frac{6}{7}=$ ☐ $=$ ☐

課題15 直方体と立方体

	めあて（GOAL）	課題
1	全員が，直方体と立方体のとくちょうとちがいが分かる。	❶ カッコに当てはまる言葉を書きましょう。 ❷ カッコに当てはまる言葉を書きましょう。 ❸ ❷の図を見て次の表を完成させましょう。
2	全員が，展開図の見方やかき方が分かる。	❶ 下のような直方体の展開図のつづきをかきましょう。 ❷ 立方体の展開図を選んで記号で答えましょう。 ❸ 下の直方体の展開図を組み立てると，点や辺はどこと重なるでしょう。 (1) 点エと重なる点はどれですか。 (2) 辺アセと重なる辺はどれですか。
3	全員が，面や辺の垂直と平行の関係が分かる。	❶ 下の直方体の面や辺の交わり方やならび方を調べましょう。 (1) 面㋒に平行な面はどれですか。 (2) 面㋓に垂直な面はどれですか。 (3) 辺 AB に平行な辺はどれですか。 (4) 頂点Dを通って，辺DHに垂直な辺はどれですか。 ❷ 右の立方体の面と辺の交わり方を調べましょう。 (1) 辺 AE のほかに，面㋐に垂直な辺はどれですか。 (2) 面㋔のほかに，辺 EF に垂直な面はどれですか。 ❸ 右の立方体の展開図を組み立てると，点や辺はどこと重なるでしょう。
4	全員が，見取図の見方やかき方が分かる。	❶ 空らんに当てはまる言葉を書きましょう。 (1) 立方体や直方体などの全体の形が分かるようにかいた図を，□といいます。 (2) 直方体の大きさは，1つの頂点に集まっている，□，横，高さの3つの辺の長さによって決まります。 ❷ 下の図のつづきをかいて，見取図を完成させましょう。見えない辺は点線でかきましょう。 ❸ 下のような直方体の見取図のつづきをかきましょう。

5	全員が，平面上や空間にある点の位置の表し方が分かる。	❶ 空らんに当てはまる数を書きましょう。 （1）平面上の点の位置は，□つの長さの組で表せます。 （2）空間上の点の位置は，□つの長さの組で表せます。 ❷ 右の図を見て，答えましょう。 （1）点 A をもとにして，点 B の位置を，横とたての長さで表しましょう。 （2）点 A をもとにして，点 C の位置を，横とたての長さで表しましょう。 （3）点 A をもとにして，点 D（横 2cm，たて 3cm）を図の中にかきましょう。 ❸ 下の直方体を見て，答えましょう。 （1）頂点 E をもとにして，頂点 G の位置を，横とたての長さと高さで表しましょう。 （2）頂点 E をもとにして，頂点 C の位置を，横とたての長さと高さで表しましょう。

直方体と立方体1

＿＿組＿＿番　氏名＿＿＿＿＿＿

GOAL

全員が，直方体と立方体のとくちょうとちがいが分かる。

❶ カッコに当てはまる言葉を書きましょう。

長方形だけでかこまれた形や，長方形と正方形でかこまれた形を（　　　　　　）といいます。

立方体は（　　　　　　）だけでかこまれた形です。

❷ カッコに当てはまる言葉を書きましょう。

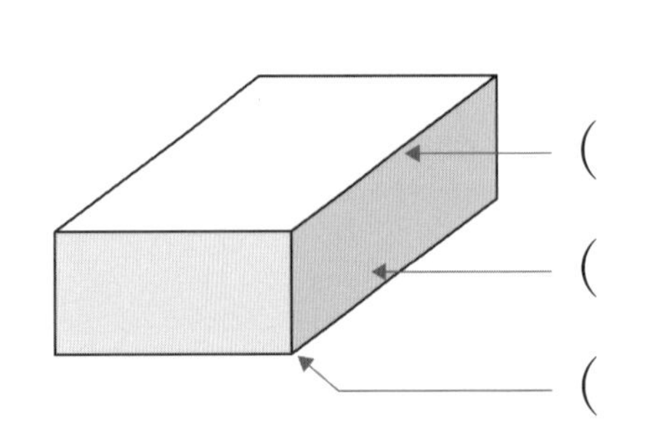

（　　　　　　）

（　　　　　　）

（　　　　　　）

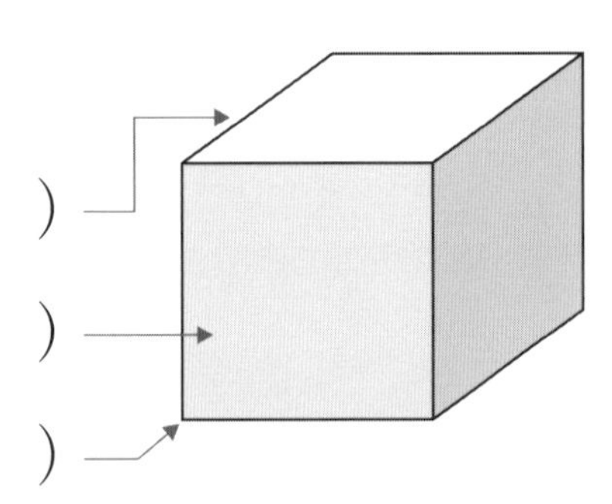

❸ ❷の図を見て次の表を完成させましょう。

	面の数	辺の数	頂点の数
直方体			
立方体			

プリントの解答を３人にせつ明し，なっとくしてもらえたらサインをもらいましょう。

友だちのサイン

直方体と立方体 2

組　　番　氏名

GOAL

全員が，展開図の見方やかき方が分かる。

❶ 下のような直方体の展開図のつづきをかきましょう。

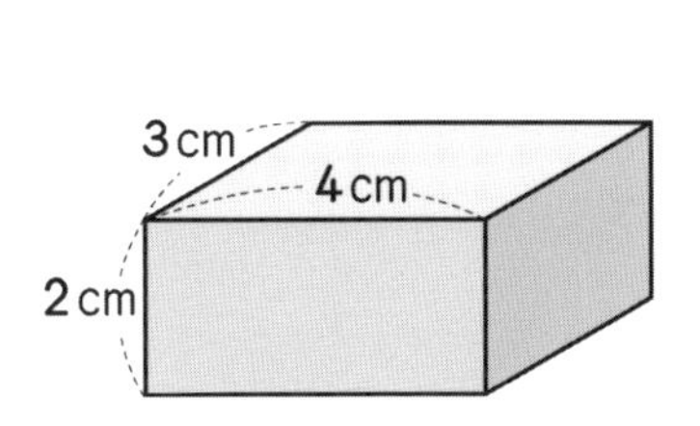

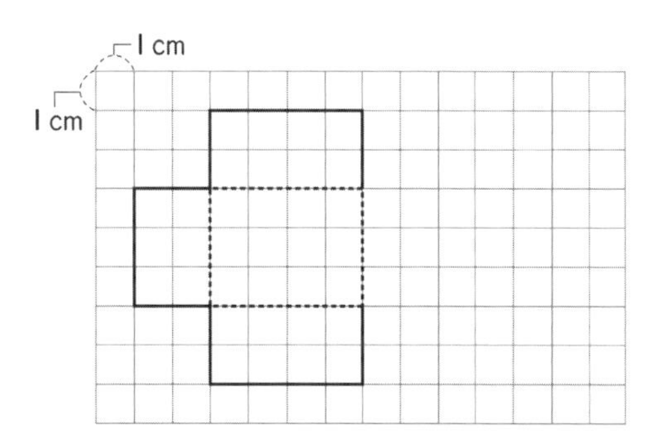

❷ 立方体の展開図を選んで記号で答えましょう。

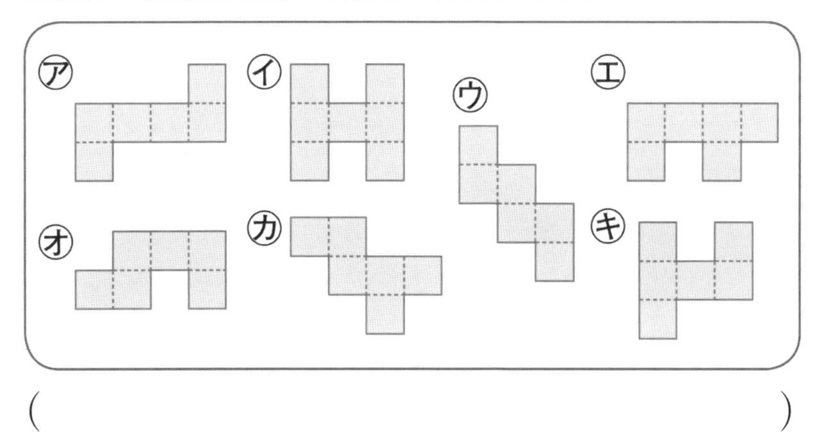

（　　　　　　　　　　　　　　　　　）

❸ 下の直方体の展開図を組み立てると，点や辺はどこと重なるでしょう。

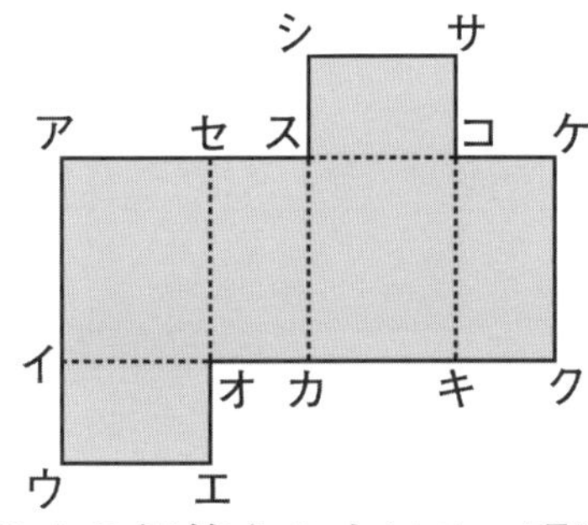

(1) 点エと重なる点はどれですか。

（　　　　　　）

(2) 辺アセと重なる辺はどれですか。

（　　　　　　）

プリントの解答を 3 人にせつ明し，なっとくしてもらえたらサインをもらいましょう。

友だちのサイン

直方体と立方体 3

_____組_____番　氏名________________

GOAL

全員が，面や辺の垂直と平行の関係が分かる。

❶ 下の直方体の面や辺の交わり方やならび方を調べましょう。

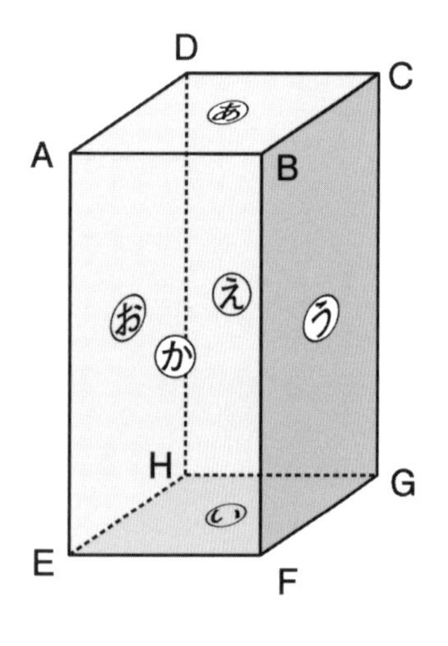

(1) 面㋒に平行な面はどれですか。

(　　　　　　　　　　　　　　　　　　)

(2) 面㋓に垂直な面はどれですか。

(　　　　　　　　　　　　　　　　　　)

(3) 辺 AB に平行な辺はどれですか。

(　　　　　　　　　　　　　　　　　　)

(4) 頂点Dを通って，辺DHに垂直な辺はどれですか。

(　　　　　　　　　　　　　　　　　　)

❷ 右の立方体の面と辺の交わり方を調べましょう。

(1) 辺 AE のほかに，面㋐に垂直な辺はどれですか。

(　　　　　　　　　　　　　　　　　　)

(2) 面㋔のほかに，辺 EF に垂直な面はどれですか。

(　　　　　　　　　　　　　　　　　　)

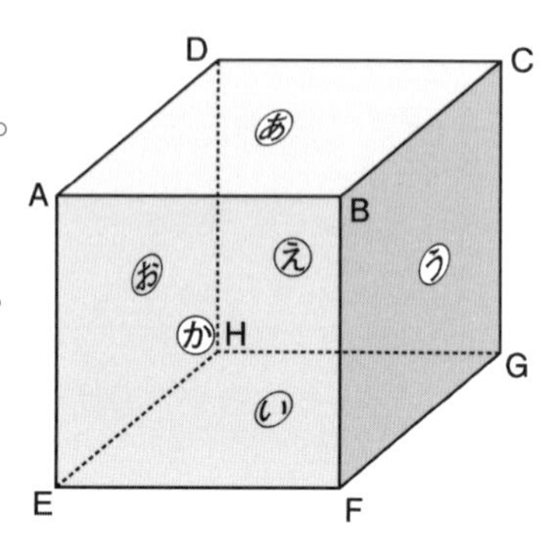

❸ 右の立方体の展開図を組み立てると，点や辺はどこと重なるでしょう。

辺スコに垂直な面はどれですか。

(　　　　　　　　　　　　　　　　　　)

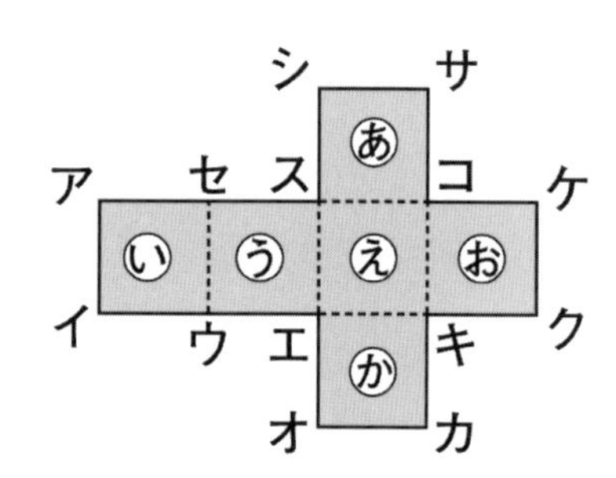

プリントの解答を３人にせつ明し，なっとくしてもらえたらサインをもらいましょう。

友だちのサイン

直方体と立方体 4

＿＿組＿＿番　氏名＿＿＿＿＿＿

GOAL

全員が，見取図の見方やかき方が分かる。

❶ 空らんに当てはまる言葉を書きましょう。

(1) 立方体や直方体などの全体の形が分かるようにかいた図を，［　　　　］といいます。

(2) 直方体の大きさは，1つの頂点に集まっている，［　　　　］，横，高さの3つの辺の長さによって決まります。

❷ 下の図のつづきをかいて，見取図を完成させましょう。
見えない辺は点線でかきましょう。

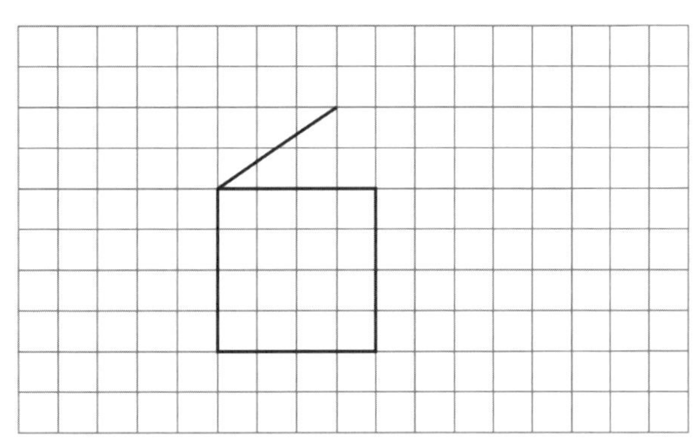

❸ 下のような直方体の見取図のつづきをかきましょう。

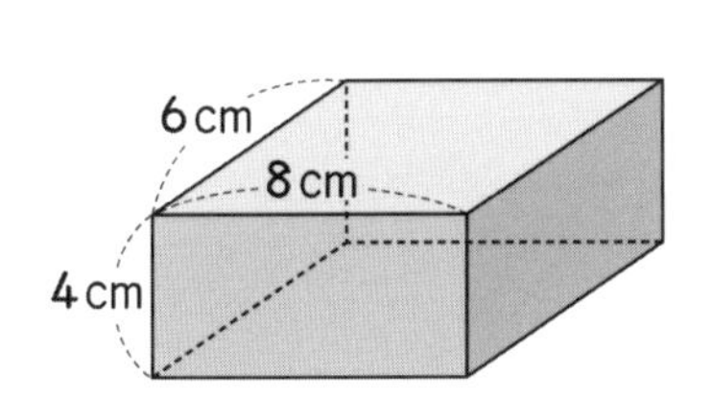

1cm
1cm

プリントの解答を3人にせつ明し，なっとくしてもらえたらサインをもらいましょう。

友だちのサイン

直方体と立方体5

組　　番　氏名

GOAL

全員が，平面上や空間にある点の位置の表し方が分かる。

❶ 空らんに当てはまる数を書きましょう。

（1）平面上の点の位置は，□つの長さの組で表せます。

（2）空間上の点の位置は，□つの長さの組で表せます。

❷ 右の図を見て，答えましょう。

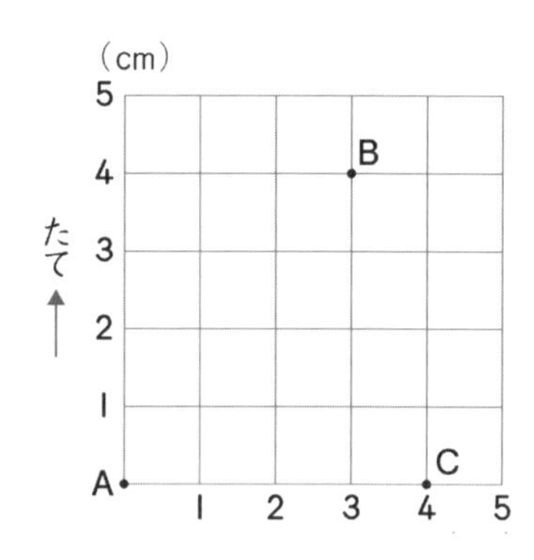

（1）点 A をもとにして，点 B の位置を，横とたての長さで表しましょう。

（ たて　　　　　，横　　　　　）

（2）点 A をもとにして，点 C の位置を，横とたての長さで表しましょう。

（ たて　　　　　，横　　　　　）

（3）点 A をもとにして，点 D（横 2cm，たて 3cm）を図の中にかきましょう。

❸ 下の直方体を見て，答えましょう。

（1）頂点 E をもとにして，頂点 G の位置を，横とたての長さと高さで表しましょう。

（横　　　　　，たて　　　　　，高さ　　　　　）

（2）頂点 E をもとにして，頂点 C の位置を，横とたての長さと高さで表しましょう。

（横　　　　　，たて　　　　　，高さ　　　　　）

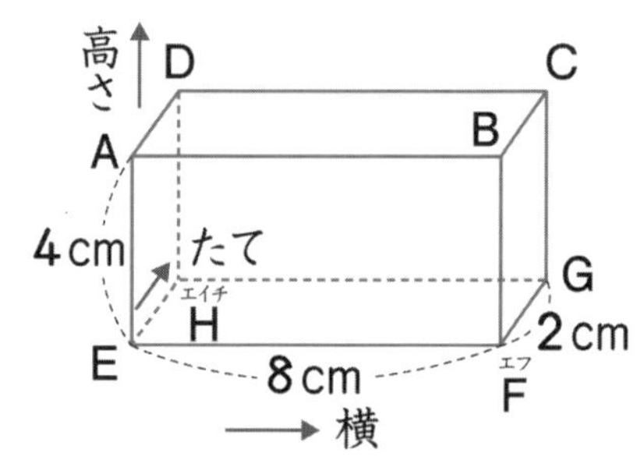

プリントの解答を 3 人にせつ明し，なっとくしてもらえたらサインをもらいましょう。

友だちのサイン

Part 2

『学び合い』を成功させる
課題プリント・解答集

答え

折れ線グラフと表1

＿＿組＿＿番　氏名＿＿＿＿＿＿

GOAL

全員が，折れ線グラフの読み方をせつ明することができる。

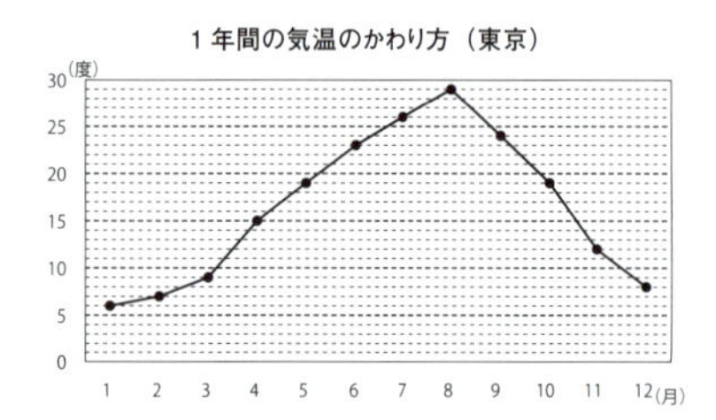

❶ 横のじくは何を表していますか。また，たてのじくは，何を表していますか。

横のじくは月を，たてのじくは気温を表している。

❷ たてのじくの1めもりは，何度を表していますか。

1度

❸ 3月の気温は，何度ですか。

9度

❹ 気温が19度なのは，何月と何月ですか。

5月と10月

❺ いちばん高い気温は何度で，それは何月ですか。

29度で，8月

❻ 気温のように，かわっていくものの様子を表すときは，折れ線グラフを使った方が分かりやすいです。その理由を3人にせつ明して，なっとくしてもらえたらサインをもらいましょう。

ふえていくのかへっていくのかが見た目で分かりやすい。

友だちのサイン

折れ線グラフと表2

＿＿組＿＿番　氏名＿＿＿＿＿＿

GOAL

全員が，折れ線グラフのかたむきとかわり方の関係をせつ明することができる。

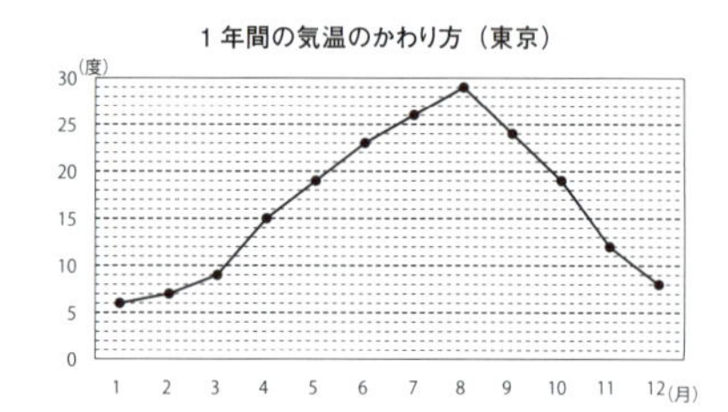

❶ 気温が上がっているのは，1月からいつまでですか。

（　8月　）

❷ 気温のかわり方がいちばん小さいのは何月から何月までですか。

（　1月から2月　）

❸ 気温の上がり方がいちばん大きいのは，何月から何月の間ですか。また，何度上がっていますか。

（　3月から4月　　6度上がっている　）

❹ 2月から8月までで，気温の上がり方がいちばん小さいのは，何月と何月の間ですか。

（　2月から3月　）

❺ 8月から12月までで，気温の下がり方がいちばん小さいのは，何月と何月の間ですか。

（　11月から12月　）

❻ 折れ線グラフのかたむきとかわり方の関係を3人にせつ明し，なっとくしてもらえたらサインをもらいましょう。

線のかたむきが急であるほど，かわり方が大きく，かたむきがゆるやかであるほど，かわり方は小さい。

友だちのサイン

折れ線グラフと表3

＿＿組＿＿番　氏名＿＿＿＿＿＿

GOAL

全員が折れ線グラフをかき，グラフのとくちょうや気温のかわり方をせつ明することができる。

❶ シドニーの1年間の気温のかわり方を，折れ線グラフに表してみましょう。

※1年間の気温のかわり方（シドニー）

月	1	2	3	4	5	6	7	8	9	10	11	12
気温（度）	23	22	21	18	15	13	11	12	17	19	20	22

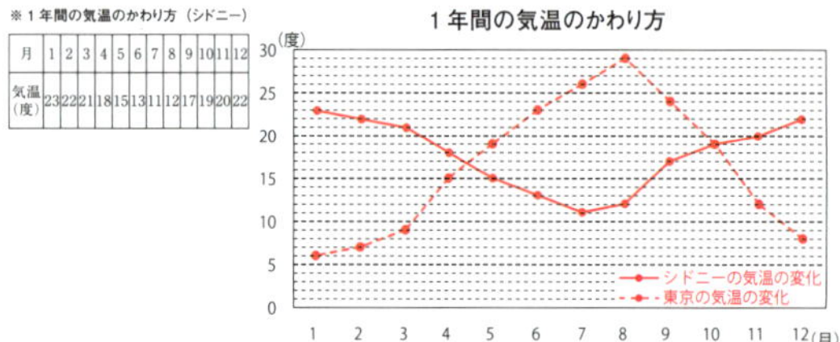

❷ かいた折れ線グラフから，シドニーの気温のかわり方で，どんなことが分かりますか。

7月がいちばん寒い。
夏と冬の気温差が約10度しかない。

❸ シドニーの気温のグラフに，東京の気温のグラフを重ねてかいてみましょう。

※1年間の気温のかわり方（東京）

月	1	2	3	4	5	6	7	8	9	10	11	12
気温（度）	6	7	9	15	19	23	26	29	24	19	12	8

❹ 重ねてかいた折れ線グラフから，分かったことを3つ以上，3人にせつ明し，なっとくしてもらえたらサインをもらいましょう。

シドニーのグラフは東京のよりも，なだらか。

山が来る月がちがう。（季節がぎゃく）

4月ごろと10月ごろに気温が同じになっている。　など

友だちのサイン

折れ線グラフと表4

＿＿組＿＿番　氏名＿＿＿＿＿＿

GOAL

全員が，波線の印を使ったグラフをかくことができ，波線の意味をせつ明することができる。

1日の気温のかわり方（東京4月）

時こく（時）	午前8	9	10	11	午後0	1	2	3	4	5
気温（度）	16	19	20	21	22	23	25	23	22	18

❶ 1日の気温のかわり方のグラフをかきましょう。

❷ 波線を使ったグラフをかきましょう。

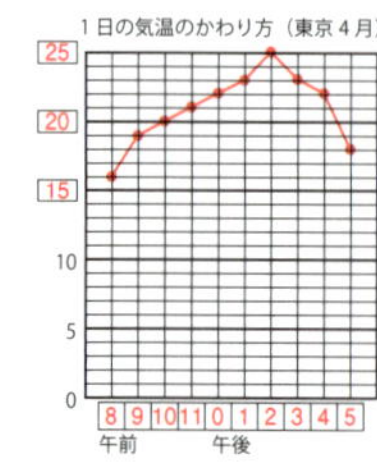

❸ 波線の意味を，3人にせつ明し，なっとくしてもらえたらサインをもらいましょう。

波線で一部分をしょうりゃくすると，めもりを大きく取ることができ，折れ線グラフの変化を見やすくすることができるため。

友だちのサイン

❹ 2つのグラフを見て，気づいたことを，3人にせつ明し，なっとくしてもらえたらサインをもらいましょう。

・波線がある方が，めもりの間かくが大きくなっていて気温の変化が大きい。
・波線で下の部分がしょうりゃくされているため，グラフ用紙をむだなく使っている。
など

友だちのサイン

折れ線グラフと表5

組　　番　氏名

GOAL

全員が，棒グラフと折れ線グラフを重ね合わせたグラフの読み方を理かいし，グラフのとくちょうやけい向を読み取ることができる。

右のグラフは，新がた県で８月６日から14日までの間に，ねっ中しょうで病院に運ばれた人数を棒グラフに，最高気温を折れ線グラフに，それぞれ表したものです。

ねっ中しょうで病院に運ばれた人数と最高気温（新がた県８月）

❶ 13日に運ばれたのは何人ですか。また，その日の最高気温は何度ですか。

115 人　34.5 度

❷ 最高気温がいちばん高いのは，何日ですか。

（　8月11日　）

❸ 運ばれた人がいちばん少ないのは，何日ですか。

（　8月6日　）

❹ 最高気温のかわり方がいちばん大きいのは，何日と何日の間ですか。また，そのとき，運ばれた人はふえていますか，へっていますか。

10 日と 11 日の間　　運ばれた人は（　ふえている　）

❺ 上のグラフから「最高気温が高い日は運ばれる人が多い」ということが分かります。それをグラフを使って３人にせつ明し，なっとくしてもらえたらサインをもらいましょう。

最高気温が35度の８月11日に，運ばれた人数が期間中最高の155人になっている。

友だちのサイン

折れ線グラフと表6

組　　番　氏名

GOAL

全員が，２つの表を１つにまとめるメリットを，せつ明することができる。

右の表は，１年１組の１週間の落とし物の記ろくです。

落とし物調べ（１週間）

曜日	名前	しゅるい	場所
月	酒井	ハンカチ	校庭
	上田	えん筆	ろう下
	小川	消しゴム	教室
	田島	ぼうし	校庭
火	村山	えん筆	階だん
	野原	ハンカチ	校庭
	川上	消しゴム	教室
水	石田	えん筆	教室
	田中	消しゴム	ろう下
木	河村	えん筆	校庭
	木村	ハンカチ	階だん
金	坂井	えん筆	教室
	中島	消しゴム	階だん
	山本	えん筆	教室

❶ 落とし物のしゅるいごとの人数を，下の表に整理しましょう。

落とし物調べ

しゅるい	人数（人）	
ハンカチ	下	3
えん筆	正一	6
消しゴム	止	4
ぼうし	一	1
合計	14	

❷ いちばん多い落とし物は何ですか。

（　えん筆　）

❸ しゅるいと場所の２つに目をつけて，人数を右下の表に書きましょう。

❹ いちばん人数が多いのは，どこで何を落とした人ですか。

（　教室でえん筆　）

❺ ２つの表を，１つにまとめるメリットを３人にせつ明し，なっとくしてもらったらサインをもらいましょう。

落とし物のしゅるいと場所（１週間）

しゅるい＼場所	校庭	ろう下	教室	階だん	合計
ハンカチ	T 2	0	0	一 1	3
えん筆	一 1	一 1	下 3	一 1	6
消しゴム	0	一 1	T 2	一 1	4
ぼうし	一 1	0	0	0	1
合計	4	2	5	3	14

どこでどんな落とし物をしたか，とくちょうが分かりやすくなる。

友だちのサイン

角の大きさ1

組　　番　氏名

GOAL

全員が，直角を90に等分した１つ分の角の大きさが１度ということを，分度器を使ってせつ明することができる。

❶ 分度器の小さい１めもりは，何度を表していますか。

1 度

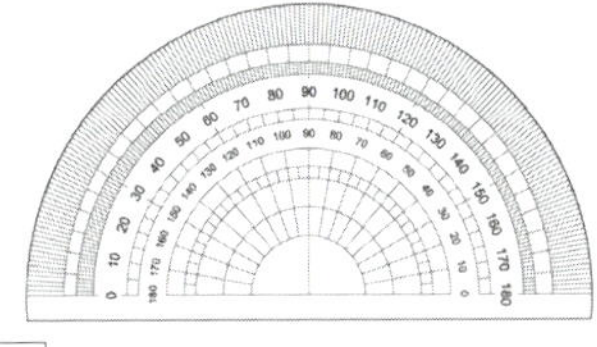

❷ 分度器のめもりをかんさつして，気づいたことをまとめましょう。

めもりは０から 180 までついている。

❸ 半回転の角度は何度ですか。

2直角 ＝ 180 度

❹ １回転の角度は何度ですか。

4直角 ＝ 360 度

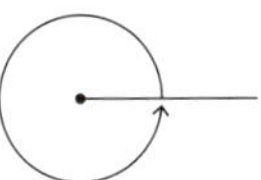

❺ 直角を90に等分した１つ分の角の大きさが１度ということを，分度器を使って，３人にせつ明し，なっとくしてもらえたらサインをもらいましょう。

直角は90度　$90 \div 90 = 1$　なので，１度になる。

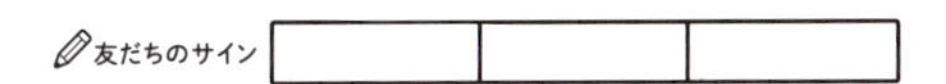

友だちのサイン

角の大きさ2

組　　番　氏名

GOAL

全員が，分度器を使って角度をそく定することができる①。

❶「あ」，「い」の角度は，それぞれ何度ですか。

あ（　45°　）

い（　70°　）

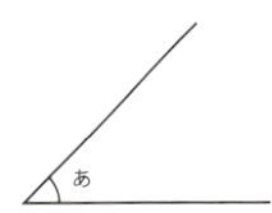

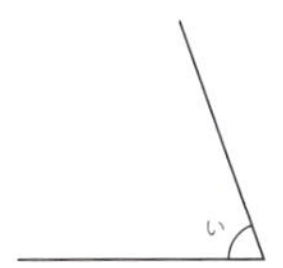

❷ A～Cのうちで，「う」の角度を正しくはかっているのはどれですか。

A『うは135°です。』
B『うは40°です。』
C『うは45°です。』

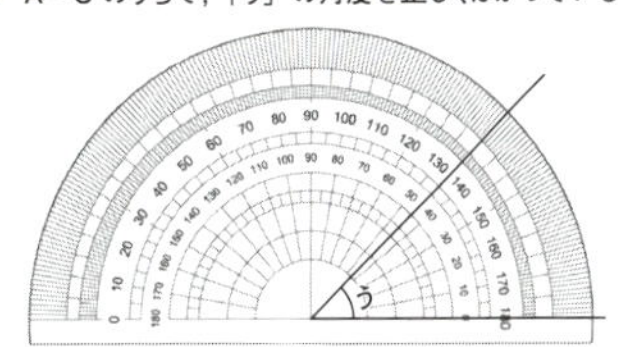

Cが正しい

❸ ❷のAはどうまちがえているのかを，３人にせつ明し，なっとくしてもらえたらサインをもらいましょう。

分度器の角度を読むところがまちがえている。

友だちのサイン

答え

角の大きさ 3

組　　番　氏名

GOAL

全員が，分度器を使って角度をそく定することができる②。

❶「え」,「お」,「か」,「き」の角度をはかりましょう。
はかる前に，何度くらいか見当をつけてみましょう。

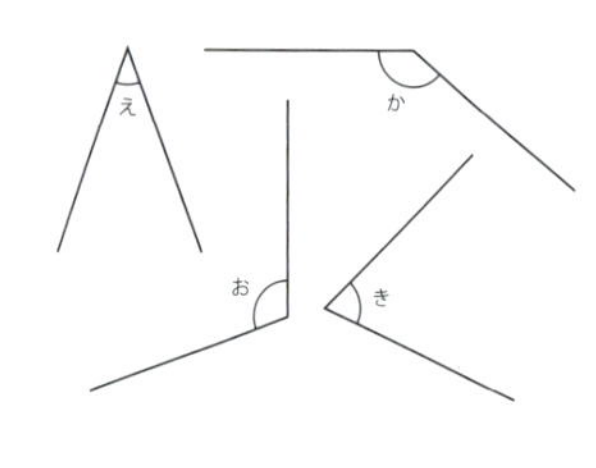

え：（ 40° ）
お：（ 110° ）
か：（ 140° ）
き：（ 70° ）

❷「く」の角度をはかるときのくふうを，3人にせつ明し，なっとくしてもらえたらサインをもらいましょう。
辺の長さが短いから，定規で線をのばしてからはかる。

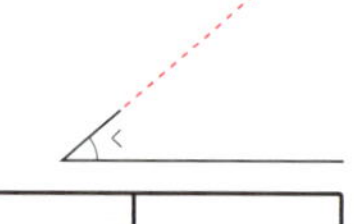

友だちのサイン

❸ 三角定規のそれぞれの角度をはかりましょう。

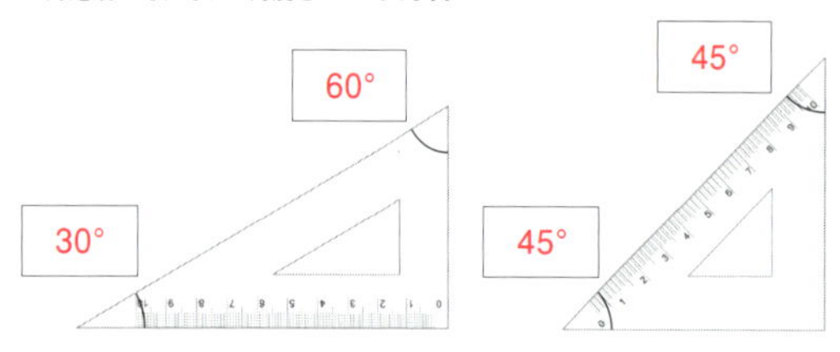

60°　45°　30°　45°

角の大きさ 4

組　　番　氏名

GOAL

全員が，180°より大きい角度のはかり方をせつ明することができる。

「あ」の角度をくふうしてはかっています。

❶ Aさんのはかり方のくふうを文章でまとめましょう。
「あ」の1つの辺をのばし直線180°をつくり，残った「い」を分度器ではかってたした。

Aさん
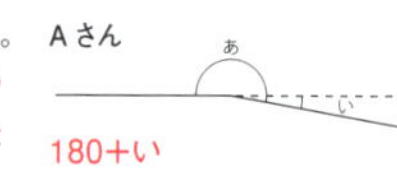

180+い

❷ Bさんのはかり方のくふうを文章でまとめましょう。
「あ」の反対側を「う」として，分度器で角度をはかり，1回転の角度360°から「う」の角度をひき算で計算して求めた。

Bさん
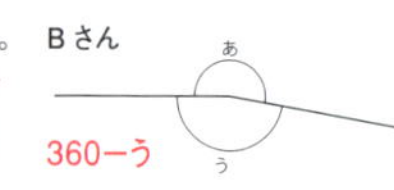

360−う

❸「え」,「お」の角度をはかりましょう。

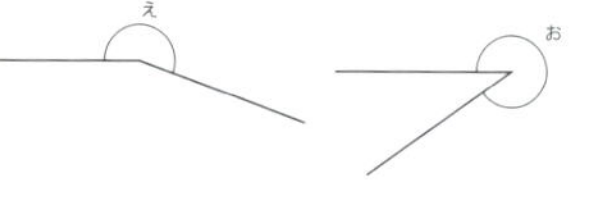

え：（ 200° ）
お：（ 325° ）

❹「え」,「お」の角度のはかり方は，AさんとBさんのどちらの方ほうを使ったのかを，3人にせつ明し，なっとくしてもらえたらサインをもらいましょう。

「え」 Aの場合 180+20=200
Bの場合 360−160=200

「お」 Aの場合 180+145=325
Bの場合 360−35=325

友だちのサイン

❺「か」と「き」の角度を分度器ではかり，計算してかくにんしましょう。

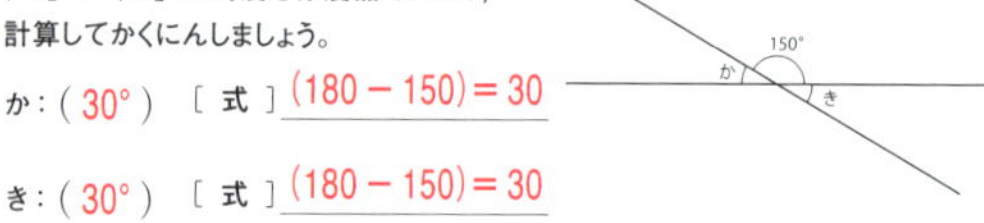

か：（ 30° ）［式］(180 − 150) = 30
き：（ 30° ）［式］(180 − 150) = 30

角の大きさ 5

組　　番　氏名

GOAL

全員が，分度器を使って角をかいたり，三角形をかいたりすることができる①。

❶ 分度器を使って，60°の角をかきましょう。

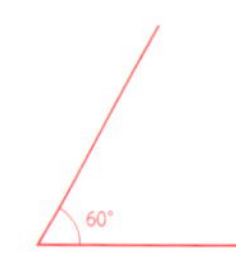

❷ 下の三角形をかきましょう。

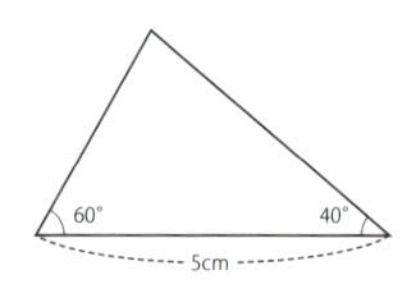

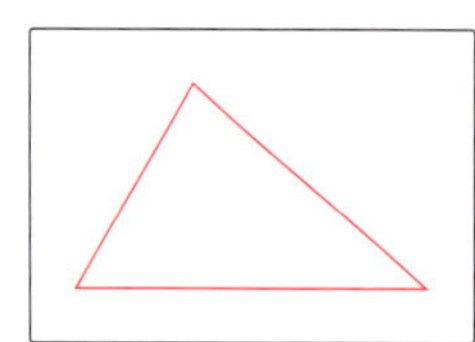

❸ 次の角をかきましょう。
50°　130°　175°

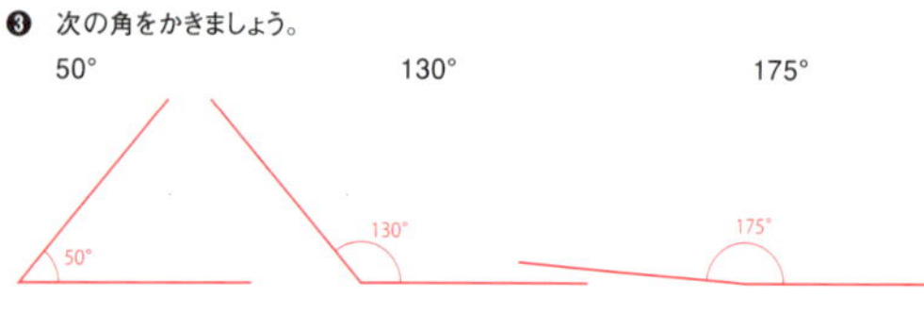

❹ 260°の角をくふうしてかき，そのくふうしたことを文章でまとめ，3人にせつ明し，なっとくしてもらえたらサインをもらいましょう。
アイの間に点ウをとり，そこから80°（260°− 180°）を下につけたし，180°+ 80°で260°にする。

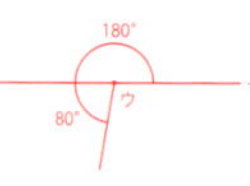

友だちのサイン

角の大きさ 6

組　　番　氏名

GOAL

全員が，分度器を使って角をかいたり，三角形をかいたりすることができる②。

❶ 下の三角形A，Bをかきましょう。

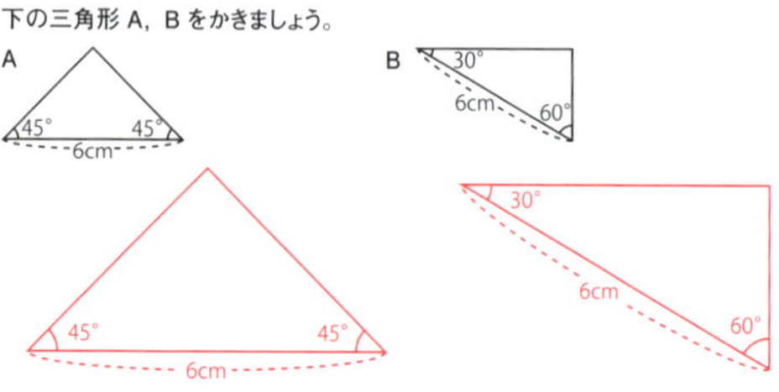

❷ 1辺の長さを自分で決め，コンパスを使って正三角形をかきましょう。
かいたら，3つの角の大きさをはかりましょう。

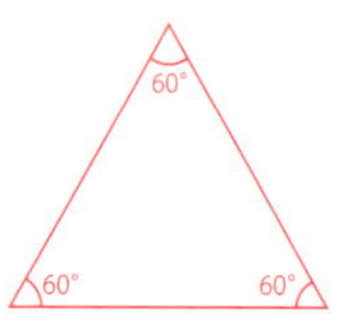

❸ ❷の三角形のかき方を文章にまとめ，3人にせつ明し，なっとくしてもらえたらサインをもらいましょう。
1辺をかき，その両方のはしから，1辺と同じ長さをとり，交差するところに点をとる。その点と1辺の両方のはしとを線でむすぶ。

友だちのサイン

わり算の筆算１ 1

組　　番　氏名

GOAL

全員が，あまりのないわり算の計算の仕方をせつ明することができる①。

❶ 80 まいの色紙を，4 人で分けるときの式を書きましょう。

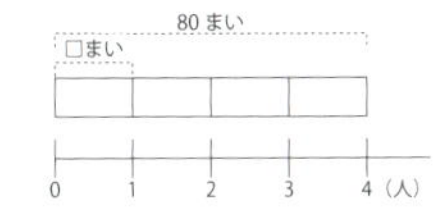

［式］　80 ÷ 4

❷ 下の 3 人のせつ明図から，それぞれの計算の仕方をまとめ，3 人にせつ明し，なっとくしてもらえたらサインをもらいましょう。

けんじさん

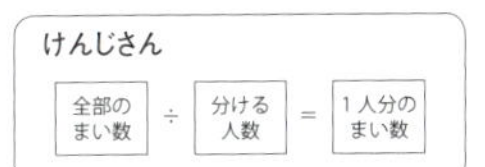

1 人分のまい数を求めるから，全部のまい数を分ける人数でわった
80 ÷ 4 = 20

みゆきさん

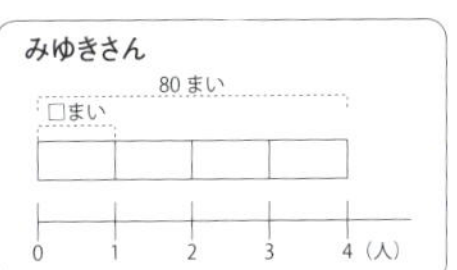

1 人分は，80 まいを 4 等分した 1 つ分だから，80 を 4 等分した。

80 ÷ 4 = 20

みほさん

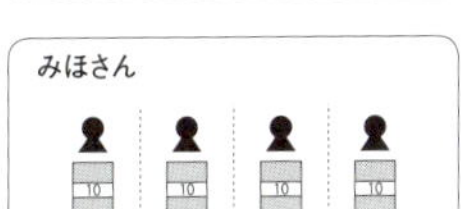

10 まいのたば 8 たばを，4 人で同じ数ずつ分ければよいので，
8 ÷ 4 = 2
1 たばは 10 まいなので，
2 × 10 = 20

友だちのサイン

わり算の筆算１ 2

組　　番　氏名

GOAL

全員が，あまりのないわり算の計算の仕方をせつ明することができる②。

❶ 右の図を見て，600 ÷ 3 の計算の仕方を 3 人にせつ明し，なっとくしてもらえたらサインをもらいましょう。

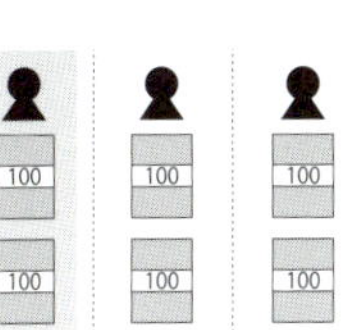

100 まいのたば 6 たばを，3 人で同じ数ずつ分ければよいので，
6 ÷ 3 = 2
1 たばは 100 まいなので，
2 × 100 = 200　　答え 200 まい

友だちのサイン

❷ 練習問題をときましょう。

20 ÷ 2 = 10　　60 ÷ 3 = 20　　160 ÷ 4 = 40

350 ÷ 5 = 70　　350 ÷ 7 = 50　　400 ÷ 8 = 50

300 ÷ 2 = 150　　600 ÷ 3 = 200　　2500 ÷ 5 = 500

3600 ÷ 6 = 600　　2000 ÷ 4 = 500　　4000 ÷ 2 = 2000

わり算の筆算１ 3

組　　番　氏名

GOAL

全員が，筆算の仕方をせつ明することができる。

❶ 72÷3の筆算の仕方を，3 人にせつ明し，なっとくしてもらえたらサインをもらいましょう。

十の位の 7 を 3 でわり，答え 2 を十の位にたてる
3 と 2 をかける
7 から 6 をひく
一の位の 2 をおろす
12 を 3 でわり，答え 4 を一の位にたてる
3 と 4 をかける
12 から 12 をひく

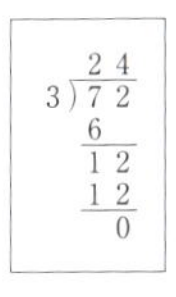

友だちのサイン

❷ 練習問題をときましょう。

4)56 → 14（4, 16, 16, 0）
3)84 → 28（6, 24, 24, 0）
5)95 → 19（5, 45, 45, 0）

4)92 → 23（8, 12, 12, 0）
7)98 → 14（7, 28, 28, 0）
3)72 → 24（6, 12, 12, 0）

わり算の筆算１ 4

組　　番　氏名

GOAL

全員が，あまりのあるわり算の，筆算の仕方をせつ明することができる①。

❶ 下の筆算のとき方でまちがっている理由を文章でまとめましょう。また，正しい計算を書きましょう。3 人にせつ明し，なっとくしてもらえたらサインをもらいましょう。

3)82 → 26（6, 22, 18, 4）
あまりがわる数より大きい。
一の位の計算の，22 ÷ 3 には，商は 7 がたつ。

［ 正しい計算 ］
3)82 → 27（6, 22, 21, 1）

4)93 → 19（4, 53, 36, 17）
あまりがわる数より大きい。
十の位の計算の，9 ÷ 4 には，商は 2 がたつ。

［ 正しい計算 ］
4)93 → 23（8, 13, 12, 1）

友だちのサイン

❷ 練習問題のわり算をして，けん算もしましょう。

97 ÷ 2 = 48 あまり 1
［ けん算 ］2 × 48 + 1 = 97

87 ÷ 6 = 14 あまり 3
［ けん算 ］6 × 14 + 3 = 87

85 ÷ 3 = 28 あまり 1
［ けん算 ］3 × 28 + 1 = 85

69 ÷ 5 = 13 あまり 4
［ けん算 ］5 × 13 + 4 = 69

わり算の筆算１ 5

＿組＿番　氏名＿＿＿＿

GOAL

全員が，あまりのあるわり算の，筆算の仕方をせつ明することができる②。

❶ 734 ÷ 5 の筆算の仕方を，3 人にせつ明し，なっとくしてもらえたらサインをもらいましょう。

```
  1 4 6
5)7 3 4
  5
  2 3
  2 0
    3 4
    3 0
      4
```

百の位の 7 を 5 でわり,答え 1 をたてる。5 と 1 をかける。
7 から 5 をひく。
十の位から 3 をおろす。23 を 5 でわり、答え 4 をたてる。
5 と 4 をかける。23 から 20 をひく。
一の位から 4 をおろす。34 を 5 でわり、答え 6 をたてる。
5 と 6 をかける。34 から 30 をひく。

［ 答え ］146 あまり 4

友だちのサイン

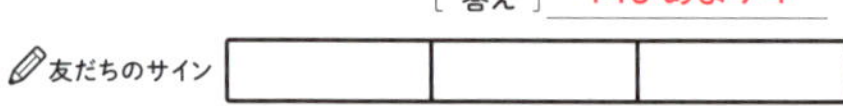

❷ 練習問題をときましょう。

```
  134      123      274      126
6)809    8)991    3)822    5)630
  6        8        6        5
  20       19       22       13
  18       16       21       10
   29       31       12       30
   24       24       12       30
    5        7        0        0

  238      227      117      117
3)715    4)908    7)819    6)704
  6        8        7        6
  11       10       11       10
   9        8        7        6
   25       28       49       44
   24       28       49       42
    1        0        0        2
```

わり算の筆算１ 6

＿組＿番　氏名＿＿＿＿

GOAL

全員が，あまりのあるわり算の，筆算の仕方をせつ明することができる③。

❶ 843 ÷ 4，619 ÷ 3 の筆算の仕方を，3 人にせつ明し，なっとくしてもらえたらサインをもらいましょう。

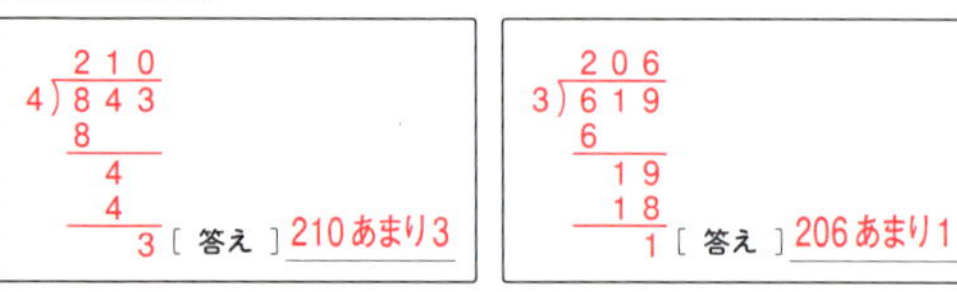

```
  2 1 0            2 0 6
4)8 4 3          3)6 1 9
  8                6
    4                1 9
    4                1 8
      3                1
```

［ 答え ］210 あまり 3　［ 答え ］206 あまり 1

友だちのサイン

❷ 練習問題をときましょう。

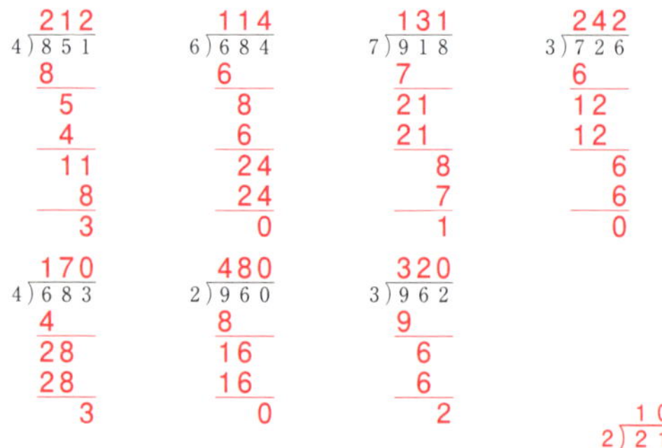

```
  212      114      131      242
4)851    6)684    7)918    3)726
  8        6        7        6
   5        8       21       12
   4        6       21       12
   11       24       8        6
    8       24       7        6
    3        0       1        0

  170      480      320
4)683    2)960    3)962
  4        8        9
  28       16        6
  28       16        6
   3        0        2
```

❸ 216 本のえん筆を，1 人に 2 本ずつ配ると，何人に分けられますか。

```
  1 0 8
2)2 1 6
  2
    1 6
    1 6
      0
```

［ 式 ］216 ÷ 2 = 108　［ 答え ］108 人に分けられる

わり算の筆算１ 7

＿組＿番　氏名＿＿＿＿

GOAL

全員が，何倍かを求めるには，わり算を用いればよいことを理かいする。

❶ 親のイヌの体長は 150cm で，子どものイヌは 30cm です。親のイヌの体長は子どもの何倍か，式を書いて答えを求めましょう。

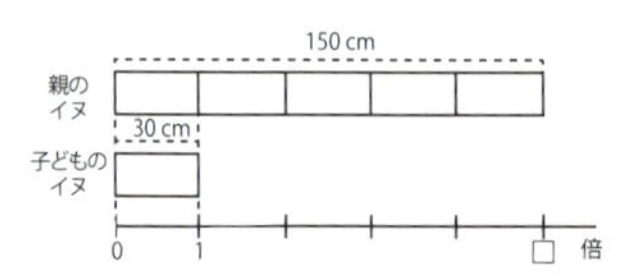

［ 式 ］150 ÷ 30 = 5

［ 答え ］5 倍

❷ 下の問題をときましょう。とき方を 3 人にせつ明し，なっとくしてもらえたらサインをもらいましょう。

まさとさんの学級では，めだかをかっています。はじめは 4 ひきでしたが，今は 24 ひきいます。次の問題に答えましょう。

今のめだかの数は，はじめのときの何倍になりましたか。

［ 式 ］24 ÷ 4 = 6　［ 答え ］6 倍

4 ひきを 1 とみたとき，24 ひきはいくつにあたりますか。

［ 式 ］24 ÷ 4 = 6　［ 答え ］6

友だちのサイン

わり算の筆算１ 8

＿組＿番　氏名＿＿＿＿

GOAL

全員が，何倍がいくらになるかは，わり算を用いればよいことを理かいする。

❶ 180cm の 3 倍にあたる大きさを数直線を使って計算しましょう。またその計算の仕方を 3 人にせつ明し，なっとくしてもらえたらサインをもらいましょう。

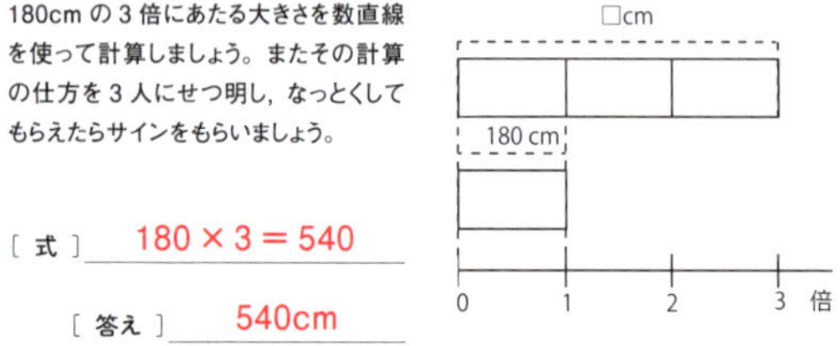

［ 式 ］180 × 3 = 540

［ 答え ］540cm

友だちのサイン

❷ ❶の図を参考に，下の問題を作図してときましょう。とき方を 3 人にせつ明し，なっとくしてもらえたらサインをもらいましょう。

電車の子ども料金は 540 円で，大人料金は，子ども料金の 2 倍です。大人料金はいくらですか。答えが出たら，けん算もしましょう。

［ 式 ］540 × 2 = 1080

［ 答え ］1080 円

［ けん算 ］1080 ÷ 2 = 540

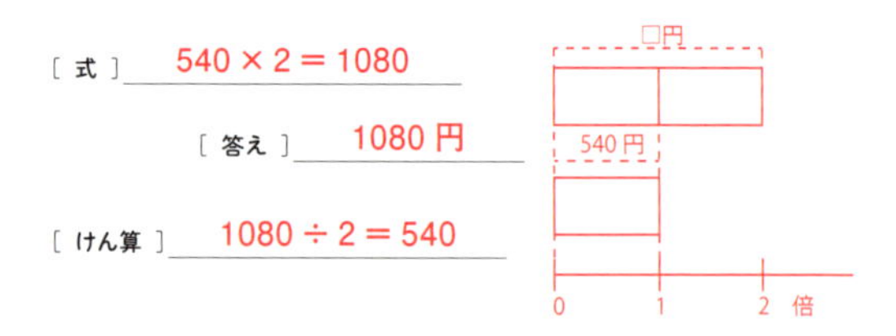

垂直・平行と四角形1

＿＿組＿＿番　氏名＿＿＿＿＿＿

GOAL

全員が，さまざまな図から垂直を見つけられ，その意味をせつ明することができる。

❶ 右の図1で，2本の直線が交わってできる角の中に直角があるのは，ア～ネのうちどれですか。

図1

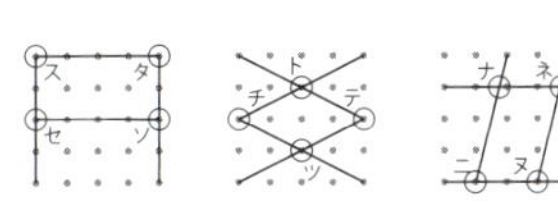

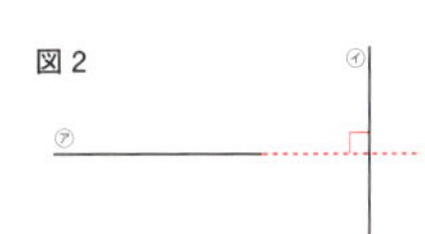

ア，イ，ウ，エ，コ
ス，セ，ソ，タ

❷ 右の図2で，㋐の直線をのばすと，㋑の直線とどのように交わりますか。

図2

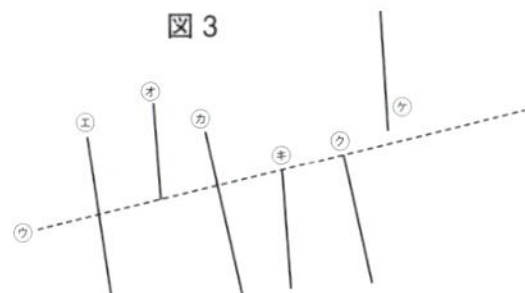

垂直に交わる

❸ 右の図3で，㋒の直線に垂直な直線はどれですか。

図3

㋕，㋗

❹「垂直」の意味を3人にせつ明し，なっとくしてもらえたらサインをもらいましょう。

2本の直線が交わってできる角が直角のとき，この2本の直線は垂直である。
2本の直線は交わっていなくても，のばすと交わる場合も垂直といえる。

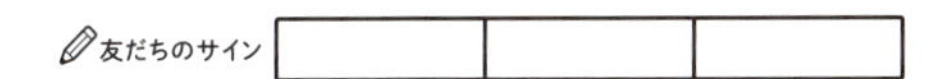

友だちのサイン

垂直・平行と四角形2

＿＿組＿＿番　氏名＿＿＿＿＿＿

GOAL

全員が，2まいの三角定規を使って，垂直な直線をひくことができる。

❶ 2まいの三角定規を使って，点Bを通り，㋑の直線に垂直な直線をひきましょう。

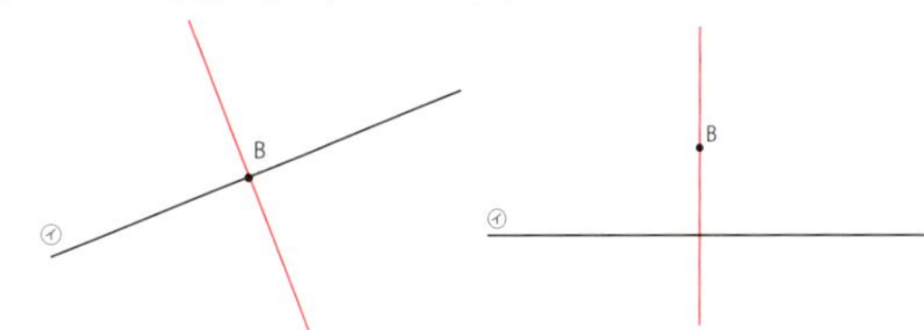

❷ ㋒と㋓の直線に垂直な直線を3本ずつひきましょう。

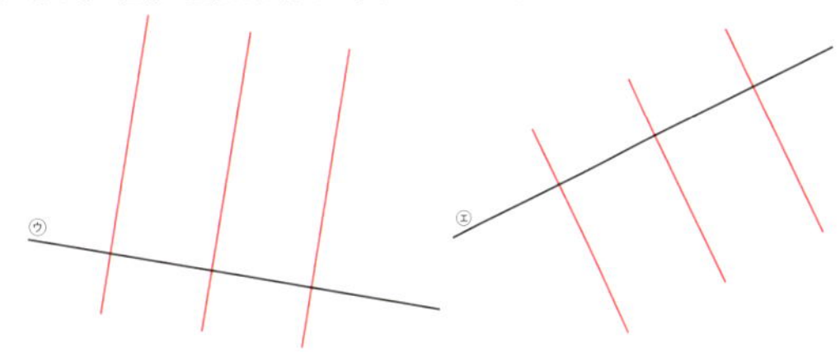

❸ 2まいの三角定規を使った垂直な直線のひき方を，3人にせつ明しながらひき，なっとくしてもらえたらサインをもらいましょう。

直線に三角定規を合わせ，もう1まいの三角定規の直角のある辺を合わせる。
ひきたい点に合わせ，しっかり定規をおさえながら，直線をひく。

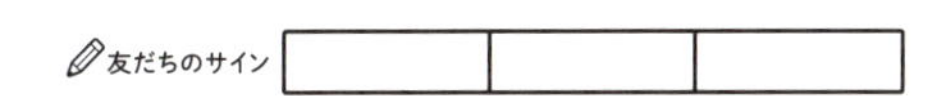

友だちのサイン

垂直・平行と四角形3

＿＿組＿＿番　氏名＿＿＿＿＿＿

GOAL

全員が，さまざまな図から平行を見つけられ，その意味をせつ明することができる。

❶ 右図の①で，㋒の直線に垂直な直線はどれですか。

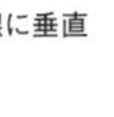

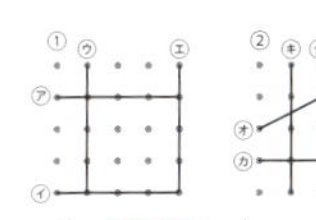

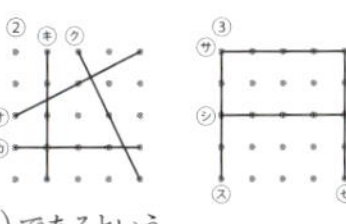

㋐，㋑

1本の直線に垂直な2本の直線は，（　平行　）であるという。

❷ 上図①～③から平行になっている直線を見つけましょう。3人にせつ明し，なっとくしてもらえたらサインをもらいましょう。

㋐と㋑，㋒と㋓，㋚と㋛，㋜と㋝

友だちのサイン

❸ 右図で㋠と㋡の直線は平行ですか。㋠の直線をのばして調べましょう。

直線をのばし，1本の直線に垂直になる2本の直線は平行であるといえる。

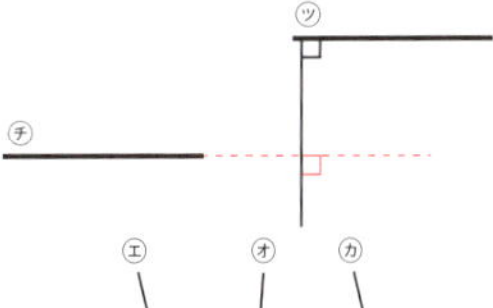

❹ 右図で，平行になっている直線はどれとどれですか。

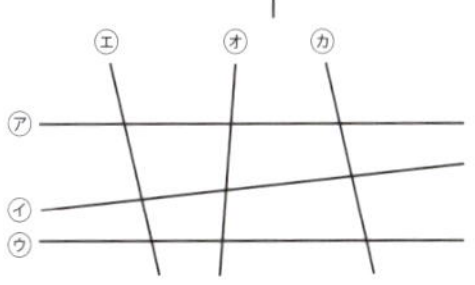

㋐と㋒，㋓と㋕

❺ 右の四角形ABCDは長方形です。
辺ABと垂直な辺はどれですか。また，辺ABと平行な辺はどれですか。

辺ABと垂直な辺，辺ADと辺BC

辺ABと平行な辺，辺CD

垂直・平行と四角形4

＿＿組＿＿番　氏名＿＿＿＿＿＿

GOAL

全員が，平行な直線はほかの直線と等しい角度で交わることや，平行な直線の間のきょりは一定であることをせつ明することができる。

❶ 下の3本の平行な直線に，自分でもななめに交わる直線をひいて，横の直線と交わる角度が同じになるか調べましょう。

❷ 右の図の㋕と㋖の直線，㋗と㋘の直線は，それぞれ平行です。あ，い，う，え，おの角度は，それぞれ何度ですか。分度器を使わずに，計算で求めてみましょう。

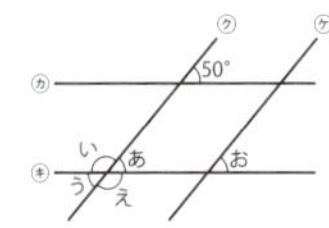

あ　50°　い　130°　う　50°　え　130°　お　50°

❸ 右の㋐と㋑の直線は平行です。㋐と㋑の直線に垂直な直線を何本かひいて，㋐と㋑の直線のはばが同じ長さになるか調べましょう。

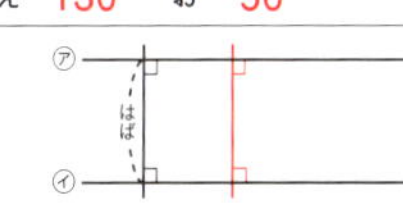

同じになる

❹ 平行な直線はほかの直線と等しい角度で交わることや，平行な直線の間のきょりは一定であることを，3人に作図をしながらせつ明し，なっとくしてもらえたらサインをもらいましょう。

平行な直線はほかの直線と等しい角度で交わる。

友だちのサイン

答え

垂直・平行と四角形5

＿＿組＿＿番　氏名＿＿＿＿＿＿

GOAL

全員が，三角定規を使って，平行な直線をひくことができる。

❶ 2まいの三角定規を使って，点Aを通り㋐の直線に平行な直線をひきましょう。

❷ 2まいの三角定規を使って，㋑の直線に平行な直線を2本ひきましょう。

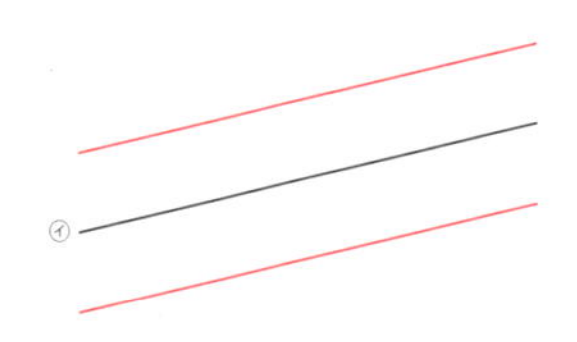

❸ 2まいの三角定規を使って，平行な直線がひけるわけを考え，3人にせつ明し，なっとくしてもらえたらサインをもらいましょう。

ひき方1は，同じ直線に垂直な2本の線は平行になる。また，ひき方2は，同じ直線に同じ角度で交わる2本の直線は平行になるため。

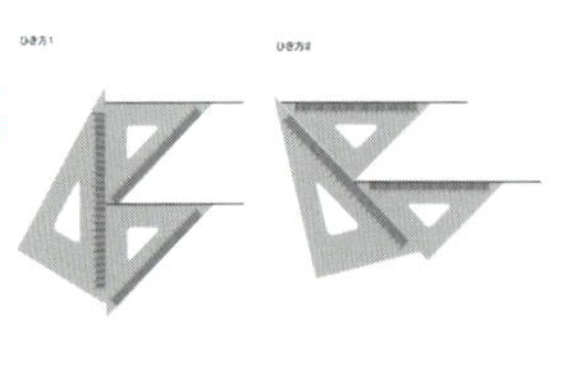

友だちのサイン

垂直・平行と四角形6

＿＿組＿＿番　氏名＿＿＿＿＿＿

GOAL

全員が，四角形をなかま分けをしながら，台形と平行四辺形の意味をせつ明することができる。

❶ 平行な直線の組みの数に目をつけて，①～⑨の四角形を3つのなかまに分けてみましょう。

平行な直線が1組
（　③，⑦　）

平行な直線が2組
（①，②，④，⑥，⑧）

平行な直線の組がない
（　⑤　）

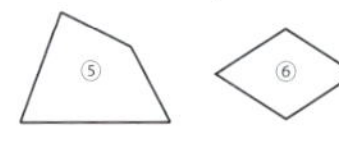
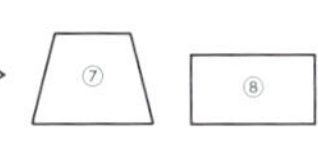

❷ 方眼を使って，平行四辺形をかきましょう。

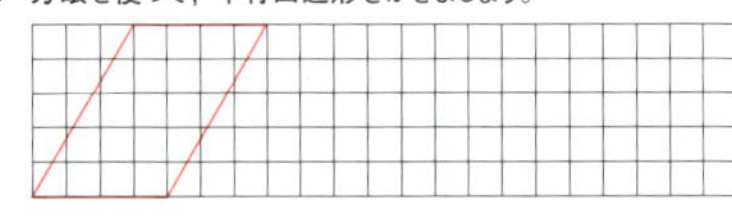

❸ 下の直線は平行です。これを使って，台形をかきましょう。

❹ 台形と平行四辺形の意味を，3人にせつ明し，なっとくしてもらえたらサインをもらいましょう。

台形とは，向かい合った1組の辺が平行な四角形のこと。たとえば，上図の③，⑦。

平行四辺形とは,向かい合った2組の辺が平行な四角形のこと。たとえば，上図①，②，④，⑥，⑧。

友だちのサイン

垂直・平行と四角形7

＿＿組＿＿番　氏名＿＿＿＿＿＿

GOAL

全員が，①辺の位置関係，②辺の長さ，③角の大きさなどの平行四辺形のせいしつをせつ明することができる。

❶ コンパスや分度器を使って，平行四辺形の向かい合った辺の長さや角の大きさが等しいことをかくにんしましょう。

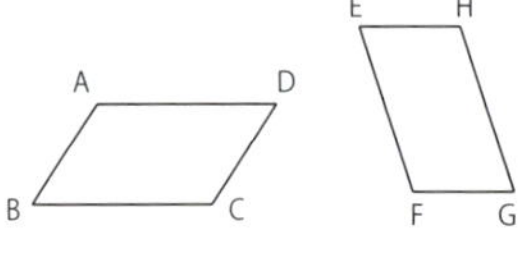

❷ 右の平行四辺形で，辺AD，辺CDの長さは何cmですか。また，角C，角Dの大きさは何度ですか。

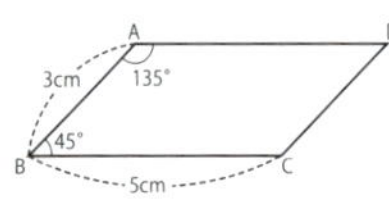

辺AD5cm，辺CD3cm，角C135°，角D45°

❸ 長方形と平行四辺形の同じところと，ちがうところをまとめましょう。

同じところは，向かい合う辺が平行になっている。

ちがうところは，平行四辺形は向かい合う角の大きさが同じだが，長方形は4つすべての角が同じ直角（90°）になっている。

❹ 平行四辺形のせいしつを，3人にせつ明し，なっとくしてもらえたらサインをもらいましょう。

向かい合った辺の長さが等しく，それぞれが平行になっている。また，向かい合う角の大きさも等しい。

友だちのサイン

垂直・平行と四角形8

＿＿組＿＿番　氏名＿＿＿＿＿＿

GOAL

全員が，平行四辺形の意味やせいしつを用いた，平行四辺形のかき方をせつ明することができる。

❶ 右の図のような平行四辺形をかくとき，下の図のような手順ですすめます。頂点Dの位置を決めるには，下の2つの方法があります。それぞれの方ほうを3人にせつ明し，なっとくしてもらえたらサインをもらいましょう。

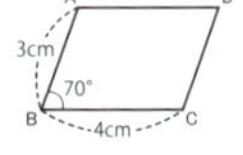

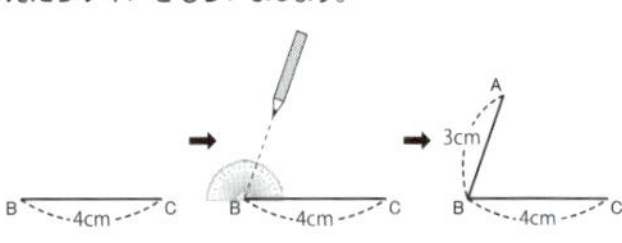

2まいの三角定規を使う方法

向かい合う辺が平行になっているというとくちょうを使っている。

コンパスを使う方法

向かい合う辺の長さが同じになっているというとくちょうを使っている。

友だちのサイン

❷ 右に上の図の平行四辺形ABCDをかきましょう。

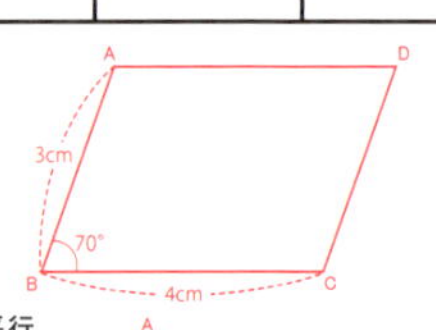

❸ となり合う辺の長さが3cm，5cmの平行四辺形をかきましょう。

（1） 角Bの大きさを60°にしてかきましょう。

（2） 角Bの大きさを90°にした場合，どんな四角形ができますか。

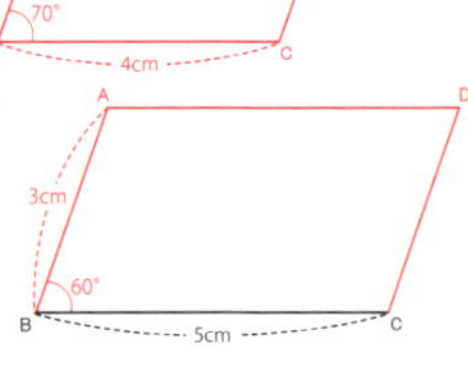

長方形

垂直・平行と四角形 9

組　　番　氏名

GOAL

全員が，①辺の位置関係，②辺の長さ，③角の大きさなどのひし形のせいしつをせつ明することができる。

❶ ひし形の辺のならび方や角の大きさには，どんなとくちょうがありますか。文章と作図でまとめましょう。

ひし形の向かい合っている辺は，平行になっていて，
すべての辺の長さは等しい。
また向かい合った角の大きさは等しくなっている。

❷ 右のひし形で，辺 CD，辺 AD の長さは何 cm ですか。また，角 A，角 D の大きさは何度ですか。そのとき方を，3 人にせつ明し，なっとくしてもらえたらサインをもらいましょう。

平行四辺形は，向かい合う辺の長さと，角の大きさが等しいため
辺 CD ＝ 4cm，辺 AD ＝ 4cm
角 A 120°，角 D 60°

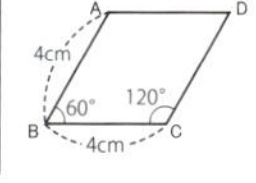

友だちのサイン

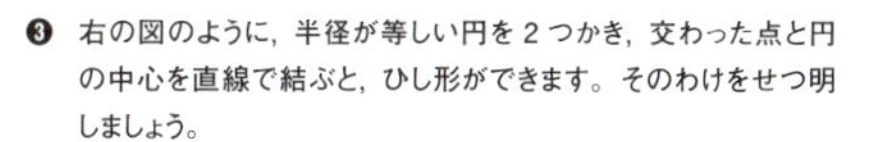

❸ 右の図のように，半径が等しい円を 2 つかき，交わった点と円の中心を直線で結ぶと，ひし形ができます。そのわけをせつ明しましょう。

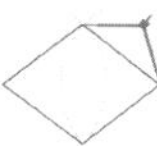

コンパスでかくことにより，4 辺の長さが等しくなるため，ひし形になる。

❹ 右の図のようにして，1 辺の長さが 4cm のひし形をかきましょう。
(1) 角 B の大きさを 50°にしてかきましょう。
(2) 角 B の大きさを 90°にしてかくと，どんな四角形ができますか。

正方形

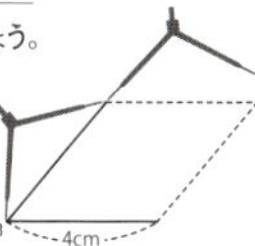

そろばん 1

組　　番　氏名

GOAL

全員が，そろばんを使って小数の加減計算ができる。

❶ 下の計算の仕方を考えましょう。

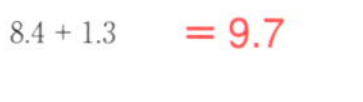

8.4 + 1.3 ＝ 9.7

8 + 4.6 ＝ 12.6

8.4 − 1.3 ＝ 7.1

8 − 4.6 ＝ 3.4

・8.4 ＋ 1.3 の計算の仕方

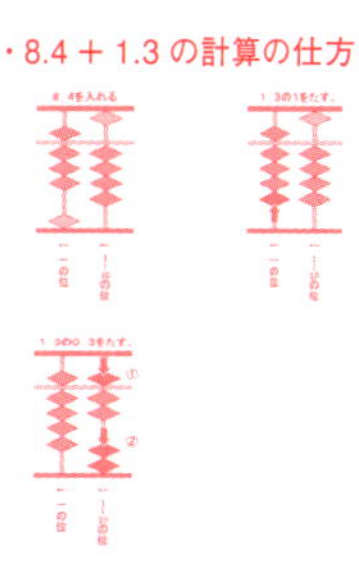

❷ 下の問題の計算の仕方を，3 人にせつ明し，なっとくしてもらえたらサインをもらいましょう。

3.3 + 5.4 ＝ 8.7

3.6 + 9 ＝ 12.6

7.8 − 3.2 ＝ 4.6

6 − 2.8 ＝ 3.2

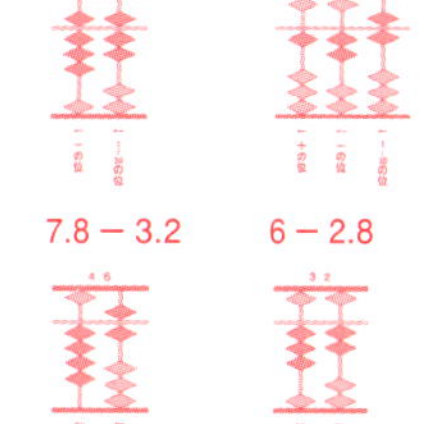

7.8 − 3.2　　6 − 2.8

友だちのサイン

大きい数のしくみ 1

組　　番　氏名

GOAL

全員が，1 億以上の数のしくみと読み方，書き方をせつ明することができる。

日本の人口　126723671 人

❶ 1000 万を 10 こ集めた数は，1 億です。千万の位の左の位は何といえばよいでしょうか。

一億の位

❷ 日本の人口は何人と読みますか。書いた後に，読んでみましょう。

一億二千六百七十二万三千六百七十一人

❸ 126723671 という数字について，左から 3 ばんめの 6 は，何が 6 こあることを表していますか。
また，右から 3 ばんめの 6 は，何が 6 こあることを表していますか。

左の 6 は，100 万が 6 こ　　右の 6 は，100 が 6 こ

❹ 1 億の 10 倍を（ 十億 ）といい，（ 1000000000 ）と書く。
また，10 億の 10 倍を（ 百億 ）といい，（ 10000000000 ）と書く。

❺ 新がた県の農業さん出がくは何円ですか。書いた後に，読んで 3 人にかくにんしてもらい，正しければサインをもらいましょう。
新がた県の農業さん出がく　238800000000 円

二千三百八十八億円

友だちのサイン

大きい数のしくみ 2

組　　番　氏名

GOAL

全員が，1 兆以上の数のしくみと読み方，書き方をせつ明することができる。

百か店の売上高　(2011 年)　6152000000000 円

❶ 上の数は，1 兆を何こと，1 億を何こあわせた数ですか。

1 兆を 6 こ，1 億を 1520 こ

❷ 上の百か店の売り上げは，何と読みますか。

六兆千五百二十億 円

❸ 1 兆の 10 倍を（ 十兆 ），10 兆の 10 倍を（ 百兆 ），100 兆の 10 倍を（ 千兆 ）といいます。

❹ 整数は，位が 1 つ左へ進むごとに，何倍になっていますか。

10 倍

❺ 下の問題をとき，そのとき方を 3 人にせつ明し，なっとくしてもらえたらサインをしてもらいましょう。
(1) 次の数を読みましょう。
(2010 年　医薬品の売り上げ)　6779100000000 円

六兆七千七百九十一億円

(2011 年　地方スーパーの売り上げ)　10979000000000 円

十兆九千七百九十億円

(2) □に当てはまる数を書きましょう。

1 億を 232 こ集めた数。　23200000000

1 兆は 1 億の何倍ですか。　10000 倍

友だちのサイン

大きい数のしくみ③

＿＿組＿＿番　氏名＿＿＿＿＿＿

GOAL

全員が，ある数を10倍した数や$\frac{1}{10}$にした数のならび方から整数のしくみをせつ明することができる。

❶ 35億を10倍した数，$\frac{1}{10}$にした数を表に書きましょう。

10倍　（　35000000000　）

3500000000

$\frac{1}{10}$　（　350000000　）

❷ 35億を10倍にすると，位は何けたずつ上がりますか。

（　1けたずつ上がる。　）

❸ 35億を$\frac{1}{10}$倍にすると，位は何けたずつ下がりますか。

（　1けたずつ下がる。　）

❹ 次の数を10倍した数，$\frac{1}{10}$にした数はいくつですか。下の表に書きましょう。そのとき方を3人にせつ明し，なっとくしてもらえたらサインをもらいましょう。

	72億	4500億	2兆
10倍	720億	4兆5000億	20兆
$\frac{1}{10}$	7億2000万	450億	2000億

大きい数のしくみ④

＿＿組＿＿番　氏名＿＿＿＿＿＿

GOAL

全員が，2300 × 160のかんたんな筆算の仕方をせつ明することができる。

❶ 456 × 123を筆算で計算しましょう。

```
   456
 × 123
  1368
  912
 456
 56088
```

❷ 右の計算で，※を左へ2けたずらして書いたわけをせつ明しましょう。

```
   456
 × 123
  1368
  912
 456・・※
 56088
```

456に100をかける計算をすると，ずらしたところには0が入るため，はぶいた。

❸ 右の数をつくり，654 × 302の筆算を矢印のようにくふうしました。どんなくふうをしたのでしょうか。

```
    654
  × 302
   1308
   000
 1962
 197508
```

➡

```
    654
  × 302
   1308
 1962
 197508
```

302の十の位は0であるため，はぶいた。

❹ 2300 × 160の計算のくふうの仕方を，3人にせつ明し，なっとくしてもらえたらサインをもらいましょう。

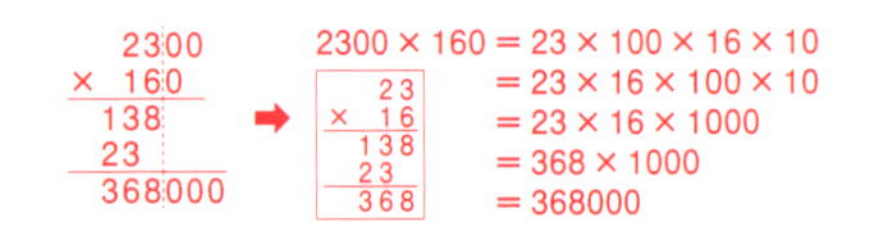

おわりに0のある数のかけ算は，0をはぶいて計算し，その積の右に，はぶいた0の数だけ0をつけた。

友だちのサイン

わり算の筆算2①

＿＿組＿＿番　氏名＿＿＿＿＿＿

GOAL

全員が，何十でわる計算の仕方をせつ明することができる。

❶ 色紙が40まいあります。この色紙を1人に20まいずつ分けると，何人に分けられますか。

10をもとにして考えると，
40 ÷ 20の商は，4 ÷ 2の
計算で求められる。
40 ÷ 20 ＝ 4 ÷ 2 ＝ 2

［答え］　2人

❷ 練習問題をときましょう。

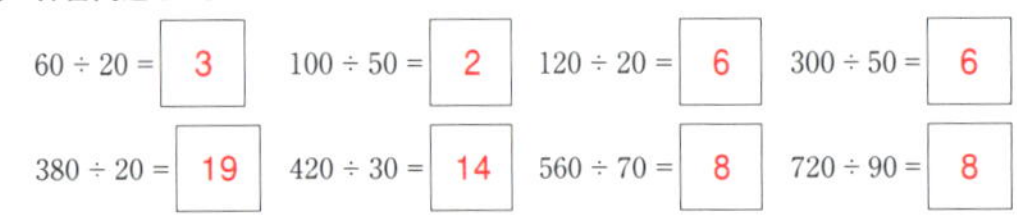

60 ÷ 20 = 3　100 ÷ 50 = 2　120 ÷ 20 = 6　300 ÷ 50 = 6

380 ÷ 20 = 19　420 ÷ 30 = 14　560 ÷ 70 = 8　720 ÷ 90 = 8

❸ 90 ÷ 20の計算の仕方を書き，3人にせつ明し，なっとくしてもらえたらサインをもらいましょう。

10をもとにして考えると，90 ÷ 20の商は，9 ÷ 2で求められるため，
9 ÷ 2 ＝ 4あまり1　　なので，
90 ÷ 20 ＝ 4あまり10　　となる。

友だちのサイン

❹ 練習問題をときましょう。

50 ÷ 20 = 2あまり10　70 ÷ 30 = 2あまり10　100 ÷ 30 = 3あまり10

240 ÷ 50 = 4あまり40　400 ÷ 70 = 5あまり50　200 ÷ 30 = 6あまり20

380 ÷ 60 = 6あまり20　600 ÷ 80 = 7あまり40

わり算の筆算2②

＿＿組＿＿番　氏名＿＿＿＿＿＿

GOAL

全員が，63 ÷ 21の筆算の仕方をせつ明することができる。

❶ 色紙が63まいあります。この色紙を1人に21まいずつ分けると，何人に分けられますか。

63 ÷ 21 ＝ 3　となる。そのため，
3人に分けることができる。

［答え］　3人

❷ 63 ÷ 21を筆算で考えましょう。

(1) 商は何の位にたちますか。　一の位

(2) わる数の21を20とみて，商の見当をつけてみましょう。

```
     3
21)63
   63
    0
```

63 ÷ 20 ＝ 3あまり3　なので商は3がたつと考えられる。

❸ 右の見当のつけ方を使って，39 ÷ 13を筆算で計算し，3人にせつ明し，なっとくしてもらえたらサインをもらいましょう。

63÷21を63÷20で考える。	商に4をたてると
20 × 2 = 40　40 < 63	20 × 4 = 80で，
20 × 3 = 60　60 < 63	63より大きくなるから
20 × 4 = 80　80 > 63	商は3になる。

39 ÷ 10で考える。
10 × 3 ＝ 30　30 < 39
10 × 4 ＝ 40　40 > 39　→　4をたてると，39より大きくなるから，商は3

```
     3
13)39
   39
    0
```

（けん算　13 × 3 ＝ 39）

友だちのサイン

わり算の筆算 2 3

組　　番　氏名

GOAL

全員が，95 ÷ 13 の筆算の仕方をせつ明することができる。

❶ 54 ÷ 13 の筆算の仕方をまとめましょう。

13 を 10 とみて，商の見当をつける。
54 ÷ 10 で考える。
10 × 5 = 50　50 < 54
10 × 6 = 60　60 > 54
→ 6 をたてると，54 より大きくなるから，かりの商は 5。

かりの商を 5 として計算すると，13 × 5 = 65　となり大きすぎるため，かりの商を小さくして 4 にする。

13 × 4 = 52　54 − 52 = 2　　答え　4 あまり 2
（けん算　4 × 13 + 2 = 54）

```
    5
13)54
   65

    4
13)54
   52
    2
```

❷ 95 ÷ 13 の筆算の仕方をまとめ，3 人にせつ明し，なっとくしてもらえたらサインをもらいましょう。

13 を 10 とみて，商の見当をつける。
95 ÷ 10 で考える。
10 × 9 = 90　90 < 95
10 × 10 = 100　100 > 95
→ 10 をたてると，95 より大きくなるから，かりの商は 9。
かりの商を 9 として計算すると，13 × 9 = 117　となり，まだ大きすぎるため，かりの商を小さくして 8 にする。
13 × 8 = 104　となりまだ大きすぎるため，かりの商を小さくして 7 にする。

13 × 7 = 91　95 − 91 = 4　　答え　7 あまり 4
（けん算　7 × 13 + 4 = 95）

```
     9
13)  95
    117

     8
13)  95
    104

     7
13)  95
     91
      4
```

友だちのサイン

わり算の筆算 2 4

組　　番　氏名

GOAL

全員が，わられる数が 3 けたの筆算の仕方をせつ明することができる。

❶ 162 ÷ 17 の筆算の仕方をまとめましょう。

17 は 20 に近いので，20 とみて，商の見当をつけ，162 ÷ 20 で考える。
20 × 8 = 160　160 < 162
20 × 9 = 180　180 > 162
→ 9 をたてると，162 より大きくなるから，かりの商は 8。
かりの商を 8 として計算すると，17 × 8 = 136　となり小さすぎるため，かりの商を大きくして 9 にする。
17 × 9 = 153　162 − 153 = 9　　答え　9 あまり 9
（けん算　9 × 17 + 9 = 162）

❷ 色紙が 150 まいあります。この色紙を 1 人に 16 まいずつ分けると，何人に分けられて，何まいあまりますか。計算の仕方をまとめ，3 人にせつ明し，なっとくしてもらえたらサインをもらいましょう。

16 を 20 とみて 150 ÷ 20　で考える。
20 × 7 = 140　140 < 150
20 × 8 = 160　160 > 150　→かりの商を 7 とする。
16 × 7 = 112　150 − 112 = 38　となり小さすぎるため，かりの商を大きくし 8 にする。
16 × 8 = 128　150 − 128 = 22　となり，まだ小さいため，かりの商を大きくし 9 にする。
16 × 9 = 144　150 − 144 = 6　（けん算　9 × 16 + 6 = 150）
答え　9 人に分けることができて，6 まいあまる。

友だちのサイン

❸ 練習問題をときましょう。

```
     18          6          11          9
14)254      24)144      12)137      24)229
   14          144         12          216
   114           0          17           13
   112                      12
     2                       5
```

わり算の筆算 2 5

組　　番　氏名

GOAL

全員が，546 ÷ 21 の筆算の仕方をせつ明することができる。

❶ 476 ÷ 15 の筆算の仕方をまとめましょう。

百の位の計算から始める。
（　4　）÷ 15 だから，百の位に商はたたない。
次に十の位の計算をする。
（　47　）÷ 15 で，十の位に商（　3　）をたてる。
（　47　）÷ 15 =（　3　）あまり（　2　）
最後に一の位の計算をする。
6 をおろす。
（　26　）÷ 15 で，一の位に商（　1　）をたてる。
（　26　）÷ 15 =（　1　）あまり（　11　）
よって，476 ÷ 15 =（　31　）あまり（　11　）となる。
〔 けん算　15 ×（　31　）+（　11　）= 476 〕

```
     31
15)476
   45
    26
    15
    11
```

❷ 546 ÷ 21 の筆算の仕方をまとめ，3 人にせつ明し，なっとくしてもらえたらサインをもらいましょう。

百の位の計算から始める。
5 ÷ 21 だから，百の位に商はたたない。
次に十の位の計算をする。
54 ÷ 21 で，十の位に商 2 をたてる。
54 ÷ 21 = 2 あまり 12
最後に一の位の計算をする。
6 をおろす。
126 ÷ 21 で，一の位に商 6 をたてる。
126 ÷ 21 = 6 あまりなし
よって，546 ÷ 21 = 26　となる。（けん算　21 × 26 = 546）

```
     26
21)546
   42
   126
   126
     0
```

友だちのサイン

❸ 750 このおかしを 12 こずつ箱につめています。何箱できて，何こあまりますか。

［ 式 ］750 ÷ 12 = 62 あまり 6　［ 答え ］62 箱できて，6 こあまる

わり算の筆算 2 6

組　　番　氏名

GOAL

全員が，わり算のせいしつをせつ明することができる。

❶ 商が等しいわり算の式を見て，かずきさんとさおりさんが見つけた，わり算のせいしつをせつ明しなさい。

かずきさん
わられる数を 2 倍，3 倍，6 倍，10 倍にすると，わる数も同じように 2 倍，3 倍，6 倍，10 倍になる。

さおりさん
わられる数を $\frac{1}{10}$，$\frac{1}{3}$，$\frac{1}{2}$ にすると，わる数も同じように $\frac{1}{10}$，$\frac{1}{3}$，$\frac{1}{2}$ になる。

かずきさん
6 ÷ 2 = 3
2 倍↓　↓ 2 倍
12 ÷ 4 = 3
3 倍↓　↓ 3 倍
36 ÷ 12 = 3
10 倍↓　↓ 10 倍
360 ÷ 120 = 3
（6 倍　6 倍）

さおりさん
360 ÷ 120 = 3
↓（10 でわる）　↓ $\frac{1}{10}$ にする（10 でわる）
36 ÷ 12 = 3
↓（3 でわる）　↓ $\frac{1}{3}$ にする（3 でわる）
12 ÷ 4 = 3
↓（2 でわる）　↓ $\frac{1}{2}$ にする（2 でわる）
6 ÷ 2 = 3

❷ わり算のせいしつを使って，くふうして下の問題をときましょう。そのくふうを 3 人にせつ明し，なっとくしてもらえたらサインをもらいましょう。

72 ÷ 24

わられる数とわる数を 6 でわって　12 ÷ 4　として計算すると，
12 ÷ 4 = 3　となるため，72 ÷ 24 = 3

420 ÷ 60

わられる数とわる数を 10 でわって　42 ÷ 6　として計算すると，
42 ÷ 6 = 7　となるため，420 ÷ 60 = 7

300 ÷ 25

わられる数とわる数に 4 をかけ　1200 ÷ 100　として計算すると，
1200 ÷ 100 = 12　となるため　300 ÷ 25 = 12

友だちのサイン

答え

わり算の筆算２ 7

＿組＿番 氏名＿＿＿＿

GOAL

全員が，おわりに０のある数のわり算は，わる数の０とわられる数の０を，同じ数だけ消してから計算することをせつ明することができる。

❶ 42000 ÷ 300 の筆算の仕方をくふうしましょう。

わられる数とわる数の０を２つ消して，420 ÷ 3 として計算すると，
420 ÷ 3 ＝ 140　となるため，
42000 ÷ 300 ＝ 140　となる。

❷ 下の問題をときましょう。そのとき方を３人にせつ明し，なっとくしてもらえたらサインをもらいましょう。

2100 ÷ 30

わられる数とわる数の０を１つ消して，210 ÷ 3 として計算すると，
210 ÷ 3 ＝ 70　となるため，
2100 ÷ 30 ＝ 70　となる。

6500 ÷ 500

わられる数とわる数の０を２つ消して，65 ÷ 5 として計算すると，
65 ÷ 5 ＝ 13　となるため，
6500 ÷ 500 ＝ 13　となる。

3600 ÷ 180

わられる数とわる数の０を１つ消して，360 ÷ 18 として計算すると，
360 ÷ 18 ＝ 20　となるため，
3600 ÷ 180 ＝ 20　となる。

友だちのサイン

がい数の表し方 1

＿組＿番 氏名＿＿＿＿

GOAL

全員が，「がい数」の意味と，「約」を用いて表すことをせつ明することができる。

右の表はいろいろな町の人口と，☺に色をぬってその数を表したものです。

A 町	30534 人	●●●○○
B 町	37621 人	●●●●○
C 町	23504 人	●●○○○

❶ さとしさんは，A 町の人口 30534 人を 30000 人としました。下の数直線を見て，そのわけをせつ明しましょう。

20000　30000　40000

30534 は，数直線で見ると 30000 に近いので，30000 人とした。

❷ 下のカッコに当てはまる言葉や数字を入れましょう。

30534 は，30000 に近いので，およそ（ 30000 ）とする。
およそ（ 30000 ）のことを，（ 約 ）30000 ともいう。
また，およその数のことを（ がい数 ）という。

❸ B 町の 37621 人，C 町の 23504 人はそれぞれ約何人といえばよいでしょうか。上の数直線を見て考えましょう。

B 町の 37621 人は，数直線で見ると 40000 に近いので，約 40000 人といえばよい。
C 町の 23504 人は，数直線で見ると 20000 に近いので，約 20000 人といえばよい。

❹ 上の表で A 町の人口は約 30000 人なので，☺は３つ色をぬってあります。がい数にした B 町と C 町の人口を，上の図の☺に色をぬって表しましょう。また，なぜそのように表したのかを，３人にせつ明し，なっとくしてもらえたらサインをもらいましょう。

☺は１万人である。
B 町の 37621 人は，がい数で表すと，約 40000 人となるため，４つぬる。
C 町の 23504 人は，がい数で表すと，約 20000 人となるため，２つぬる。

友だちのサイン

がい数の表し方 2

＿組＿番 氏名＿＿＿＿

GOAL

全員が，「四捨五入」や「切り捨て」「切り上げ」の意味をせつ明することができる。

❶ ２つの村の人口は，何千人と何千人の間にありますか。

A 村の人口	1162 人
B 村の人口	1905 人

（ 1000 人と 2000 人 ）の間

❷ 1000 と 2000 のどちらに近いかを見つけるには，何の位の数字に目をつければよいでしょうか。

（ 百の位 ）

❸ 百の位の数字がいくつのときに，約 1000 とすればよいか。また，百の位の数字がいくつのときに，約 2000 とすればよいかをせつ明した文が下にあります。カッコにてきとうな言葉を入れましょう。

百の位の数字が，（ 0，1，2，3，4 ）のときは，（ 切り捨て ）て約 1000 とし，百の位の数字が，（ 5，6，7，8，9 ）のときは，（ 切り上げ ）て約 2000 とする。

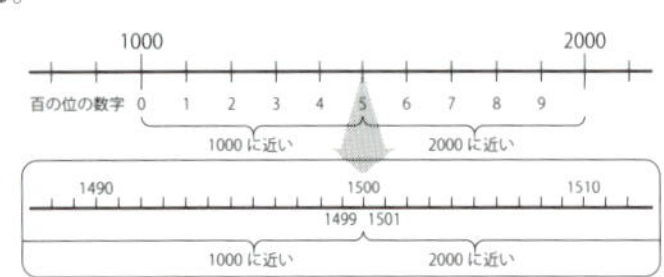

❹ 下の数字を「切り捨て」「切り上げ」という言葉を使ってせつ明し，約のついた数字で表しましょう。そのとき方を３人にせつ明し，なっとくしてもらえたらサインをもらいましょう。

17382　千の位が７のため，切り上げて，約２万である。
43971　千の位が３のため，切り捨てて，約４万である。
145962　千の位が５のため，切り上げて，約 15 万である。
198931　千の位が８のため，切り上げると，万の位が 10 になるため，さらに切り上げて，約 20 万である。

友だちのサイン

がい数の表し方 3

＿組＿番 氏名＿＿＿＿

GOAL

全員が，四捨五入して一万の位までのがい数にするには，千の位で四捨五入すればよいことをせつ明することができる。

❶ 下のせつ明文のカッコにてきとうな言葉を入れましょう。

がい数で「約何万」と表すことを，（一万の位までのがい数にする）という。

❷ 281428 を四捨五入して，一万の位までのがい数にするとき，何の位で四捨五入すればよいでしょうか。

千の位

❸ 58745 を四捨五入して，一万の位までのがい数にしましょう。

約 60000

❹ 281428，58745 を千の位までのがい数にする方ほうをせつ明して答えましょう。

千の位までのがい数にするには，百の位を四捨五入すればよい。
281428（ 281000 ）　58745（ 59000 ）

❺ 下の数を四捨五入して，一万の位までのがい数にする方ほうをせつ明して答えましょう。そのとき方を３人にせつ明し，なっとくしてもらえたら，サインをもらいましょう。

一万の位までのがい数にするには，千の位を四捨五入するとよいので，
89321（ 千の位の９を四捨五入して，90000　となる。）
573820（ 千の位の３を四捨五入して，570000　となる。）
9328362（千の位の８を四捨五入して，9330000　となる。）

友だちのサイン

がい数の表し方4

組　　番　氏名

GOAL

全員が，四捨五入して上から１けたのがい数にするには，上から２つめの位で四捨五入すればよいことをせつ明することができる。

❶ 先生の表した２つのがい数には，どんなとくちょうがありますか。

いちばん上の位以外は０になっている。

もとの数	先生が表したがい数	前に勉強したがい数
463940	500000	460000
87942	90000	90000

❷ カッコにてきとうな言葉を入れましょう。

先生の表したがい数は，どちらの数も，上から１つめの位までのがい数で表されている。上から１つめの位までのがい数で表すことを，

（　上から１けたのがい数にする　）という。

❸ 463940 を四捨五入して，上から１けたのがい数にするとき，何の位で四捨五入すればよいでしょうか。

上から２つめの位（万の位）

❹ 四捨五入してがい数で表すとき，下のようないい方があります。カッコに当てはまる言葉を入れましょう。

一万の位までのがい数にする　→　（　千　）の位で四捨五入する

上から１けたのがい数にする　→　上から（　２つめ　）の位で四捨五入する

❺ 87942 を四捨五入して，上から１けたのがい数にすると，90000 になることをたしかめ，３人にせつ明し，なっとくしてもらえたらサインをもらいましょう。

上から１けたのがい数するためには，上から２つめの位を四捨五入すればよいので，87942 では，千の位の「7」を四捨五入し，7 なので切り上げて，90000 になる。

友だちのサイン

がい数の表し方5

組　　番　氏名

GOAL

全員が，四捨五入してがい数にする前の，もとの数のはんいや，「以上」「未満」「以下」の意味をせつ明することができる。

❶ 下の数字を一の位で四捨五入しましょう。

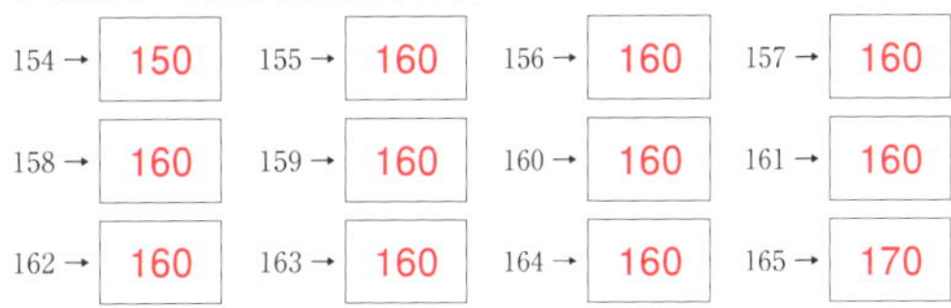

154 → 150　155 → 160　156 → 160　157 → 160

158 → 160　159 → 160　160 → 160　161 → 160

162 → 160　163 → 160　164 → 160　165 → 170

❷ 下の文のカッコにてきとうな言葉を入れましょう。

一の位で四捨五入して，160 になるはんいのことを，

（155 以上 164 未満）という。

155（　以上　）…155 と等しいか，それより大きい

155（　未満　）…155 より小さい（155 は入らない）

155（　以下　）…と等しいか，それより小さい

❸ 四捨五入して，十の位までのがい数にすると，60 になる整数のうち，いちばん小さい数といちばん大きい数はいくつですか。また，その数のはんいを，以上・未満・以下の中からてきとうな言葉で表し，３人にせつ明し，なっとくしてもらえたらサインをもらいましょう。

いちばん小さい数（　55　）　いちばん大きい数（　64　）

（　55 以上 65 未満　55 以上 64 以下　）

友だちのサイン

がい数の表し方6

組　　番　氏名

GOAL

全員が，目てきにおうじてがい数にして計算すると便利なことをせつ明することができる。

❶ ３人はそれぞれ買い物をして，代金の合計の見当をつけています。
３人はなぜこのような見つもりの仕方をしたのかを，３人にせつ明し，なっとくしてもらえたらサインをもらいましょう。

【Aさん】十の位を四捨五入した 代金　121 円　190 円　120 円 100 ＋ 200 ＋ 100 ＝ 400	・だいたいいくらかな?
【Bさん】十の位を切り上げた 代金　285 円　190 円　480 円 300 ＋ 200 ＋ 500 ＝ 1000	・1000 円しか持っていないけど足りるかな?
【Cさん】十の位を切り捨てた 代金　320 円　450 円　360 円 300 ＋ 400 ＋ 300 ＝ 1000	・この店は 1000 円以上買い物をすると，ちゅう車料金が無料になるんだよね。

Aさん：合計がだいたいいくらかを知りたい。
Bさん：1000 円しか持っていないため，代金の合計を必ず 1000 円以内にしたいので，多めに見つもっている。
Cさん：代金の合計を 1000 円以上にしてちゅう車料金を無料にしたいので，少なめに見つもっている。

友だちのサイン

❷ 135 円のチョコレートと 356 円のクッキーを買い，代金を 1000 円札ではらいます。おつりはおよそいくらになりますか。135，356 の十の位の数字を四捨五入して，おつりを見つもりましょう。

135 を四捨五入すると 100，356 を四捨五入すると 400 になる。
100 ＋ 400 ＝ 500　1000 － 500 ＝ 500　おつりの見つもりは 500 円

❸ 四捨五入して百の位までのがい数にして，答えを見つもりましょう。

634 ＋ 356 ＝ 600＋400＝1000　　243 ＋ 490 ＋ 730 ＝ 200＋500＋700＝1400

830 － 472 ＝ 800－500＝300　　2000 － 356 － 921 ＝ 2000－400－900＝700

計算のきまり1

組　　番　氏名

GOAL

全員が，カッコのある式の計算じゅんじょをせつ明することができる。

❶ はるなさんは 500 円玉をもって「ハンバーガーとアップルパイを１つずつください」と言って買い物をしました。

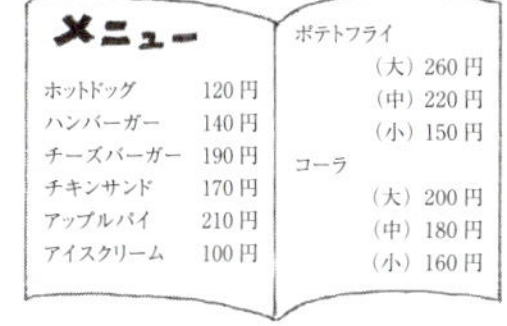

(1) はるなさんの買い物の代金を求める式を書きましょう。

（　140　）＋（　210　）

(2) はるなさんの買い物の場面を式に表しましょう。代金の部分を（　）を使って表すと，１つの式に表すことができます。

500 －（ 140 ＋ 210 ）＝ 150

(3) 500 －（140 ＋ 210）の計算のじゅんじょをまとめましょう。

カッコの中の　140 ＋ 210 ＝ 350　を先に計算し，
その後，500 － 350 ＝ 150　を計算して，答えを出す。

❷ 上のメニュー表を見て，500 円玉でいろいろな買い物をした場合の，おつりを求める式を（　）を使って表して，答えを求めましょう。
また，友だちの表した式を見て，どのような買い物をしたのかせつ明し，なっとくしてもらえたらサインをもらいましょう。

（れい）
ホットドッグとポテトフライ（大）を買った場合
500 －（120 ＋ 260）＝ 120

チーズバーガーとポテトフライ（小）とアイスクリームを買った場合
500 －（190 ＋ 150 ＋ 100）＝ 60

友だちのサイン

答え

計算のきまり2

組＿＿番　氏名＿＿＿＿＿＿

GOAL

全員が，式の中のかけ算やわり算は，たし算やひき算より先に計算することをせつ明できる。

❶ 1まい25円の工作用紙を3まい買って，100円玉を出しました。おつりはいくらですか。

［式］ 100 − 25 × 3 = 25　［答え］ 25円

❷ 500円の筆箱を1つと，1ダース480円のえん筆を半ダース買いました。代金はいくらですか。

［式］ 500 + 480 ÷ 2 = 740　［答え］ 740円

❸ 下の問題をときましょう。とき方を3人にせつ明し，なっとくしてもらえたらサインをもらいましょう。

9 + 11 × 4 = 53　（（れい）11 × 4 のかけ算してから，その答えと9をたした）

300 − 500 ÷ 2 = 50　（（れい）500 ÷ 2 のわり算をしてから，その答えを300からひいた）

400 − 30 × 8 = 160　（（れい）30 × 8 のかけ算をしてから，その答えを400からひいた）

70 + 81 ÷ 9 = 79　（（れい）81 ÷ 9 のわり算をしてから，その答えと70をたした）

友だちのサイン

計算のきまり3

組＿＿番　氏名＿＿＿＿＿＿

GOAL

全員が，×÷＋－等がまざった計算のじゅんじょをせつ明することができる。

❶ 計算のじゅんじょを考えながら，下の計算をしましょう。

(1) 8 − 9 ÷ 3 × 2

ふつうは左から計算するが，わり算かけ算は，たし算やひき算より先に計算する。先に 9 ÷ 3 = 3，3 × 2 = 6 を計算し，最後にひき算 8 − 6 = 2 をする。

(2) 8 −（9 − 3 × 2）

カッコの中は先に計算する。たし算やひき算よりは，かけ算とわり算が先なので，

3 × 2 = 6　9 − 6 = 3　8 − 3 = 5

❷ 計算のじゅんじょについて，カッコにてきとうな言葉を入れなさい。

計算のじゅんじょ

ふつうは，（ 左 ）からじゅんに計算する。

（　）のある式は，（　）の中を（ 先 ）に計算する。

（ × ）や（ ÷ ）は，（ ＋ ）や（ － ）より先に計算する。

❸ 下の問題をとき，とき方を3人にせつ明し，なっとくしてもらえたらサインをもらいましょう。

(1) 8 × 6 − 4 ÷ 2 = 48 − 2 = 46

(2) 8 ×（6 − 4 ÷ 2）= 8 ×（6 − 2）= 8 × 4 = 32

(3)（8 × 6 − 4）÷ 2 =（48 − 4）÷ 2 = 44 ÷ 2 = 22

(4) 8 ×（6 − 4）÷ 2 = 8 × 2 ÷ 2 = 8

友だちのサイン

計算のきまり4

組＿＿番　氏名＿＿＿＿＿＿

GOAL

全員が，(10 + 5) × 9 と 10 × 9 + 5 × 9 が，符号でつなげられることをせつ明でき，くふうしてかんたんに計算をすることができる。

❶ 右の図の黒い●と白い○の数の合計を表す式を，ゆうこさんは (10 + 5) × 9 と表し，さとしさんは 10 × 9 + 5 × 9 と表しました。それぞれの考え方をせつ明しましょう。

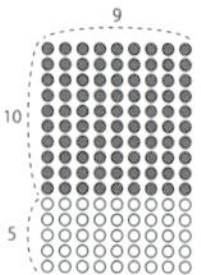

ゆうこさんの考え方

（たてを見て，黒い●を10こと白い○5こをたして，それが横に9列あると考えた。）

さとしさんの考え方

（黒い●が10こで9列あり，白い○が5こで9列あるため，それぞれを先に計算して，たした。）

❷ （　）を使った式の計算のきまりには，次のようなものがあります。

(1)（■＋●）×▲＝■×▲＋●×▲　(2)（■－●）×▲＝■×▲－●×▲

上の式の，■に4，●に3，▲に2を当てはめて計算して，符号でつなげられることをたしかめましょう。

(1) 左 (4 + 3) × 2 = 7 × 2 = 14　右 4 × 2 + 3 × 2 = 8 + 6 = 14

(2) 左 (4 − 3) × 2 = 1 × 2 = 2　右 4 × 2 − 3 × 2 = 8 − 6 = 2

（符号でつなげることができる。）

❸ （　）を使った式の計算のきまりには，次のようなものがあります。

(1)（■＋●）÷▲＝■÷▲＋●÷▲　(2)（■－●）÷▲＝■÷▲－●÷▲

上の式の■に8，●に4，▲に2を当てはめて計算し，□に符号が入るかたしかめましょう。またその結果を3人にせつ明し，なっとくしてもらえたらサインをもらいましょう。

(1) (8 + 4) ÷ 2 ＝ 8 ÷ 2 + 4 ÷ 2（符号でつなげることができる）

(2) (8 − 4) ÷ 2 ＝ 8 ÷ 2 − 4 ÷ 2（符号でつなげることができる）

友だちのサイン

計算のきまり5

組＿＿番　氏名＿＿＿＿＿＿

GOAL

全員が，計算のきまりを使い，くふうしてかんたんに計算する方ほうをせつ明することができる。

❶ 左右の式を計算して（　）に等号が入るか，たしかめましょう。

㋐ ■＋●＝●＋■

3 + 4（ ＝ ）4 + 3

㋑（■＋●）＋▲＝■＋（●＋▲）

(2 + 7) + 4（ ＝ ）2 + (7 + 4)

㋒ ■×●＝●×■

5 × 6（ ＝ ）6 × 5

㋓（■×●）×▲＝■×（●×▲）

(4 × 3) × 5（ ＝ ）4 × (3 × 5)

❷ ①～④の計算は，それぞれ上の㋐～㋓のどのきまりを使うとかんたんになりますか。

① 18 + 37 + 12 = 37 + (18 + 12) = 37 + 30 = 67　使ったきまり（ イ ）

② 4 × 13 × 25 = 13 × (4 × 25) = 13 × 100 = 1300　使ったきまり（ エ ）

③ 53 + 85 + 47 = (53 + 47) + 85 = 100 + 85 = 185　使ったきまり（ イ ）

④ 125 × 5 × 8 = (5 × 8) × 125 = 40 × 125 = 5000　使ったきまり（ エ ）

❸ 下の問題をくふうしてときましょう。そのくふうを3人にせつ明し，なっとくしてもらえたらサインをもらいましょう。

67 + 7.6 + 2.4 = 67 + (7.6 + 2.4) = 67 + 10 = 77

16 × 25 × 4 = 16 × (25 × 4) = 16 × 100 = 1600

11 × 109 = 10 × 109 + 109 = 1090 + 109 = 1199

7 × 99 = 7 × 100 − 7 = 700 − 7 = 693

友だちのサイン

面積のはかり方と表し方 1

　　組　　番　氏名

GOAL

全員が，じん取りゲームの広さをくらべる方ほうを考えることができる。

❶ あ～えの４つのじん地の広さをくらべる方ほうで，しんじさんとかおりさんの方ほうを，３人にせつ明し，なっとくしてもらえたらサインをもらいましょう。

下の図は，４人でゲームをした結果です。【しんじさん】「あ」と「え」のじん地をくらべました。【かおりさん】「あ」と「う」のじん地をくらべました。重ねて，はみ出したので…

しんじさん：「あ」と「え」を重ねて,「あ」の方が大きいことが分かった。

かおりさん：「あ」と「う」を重ねて，はみ出したところをそれぞれ切り取り,それを重ねてくらべた。「あ」から切り取った②の方が「う」の①よりも大きいため，「あ」の方が大きいことが分かった。

友だちのサイン

❷ 右の図のように，１辺が 1cm の小さな正方形に区切りました。１辺が 1cm の正方形は，それぞれ何こならんでいますか。

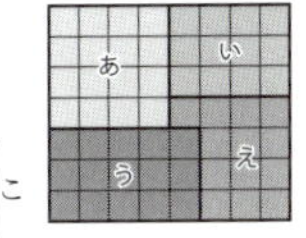

あ：16 こ　い：12 こ　う：15 こ　え：13 こ

❸ いちばん広いじん地はどれですか。

あ

❹ 「え」のじん地は，「い」のじん地より，１辺が 1cm の正方形で何こ分広いですか。

１こ分

面積のはかり方と表し方 2

　　組　　番　氏名

GOAL

全員が，面積を「平方センチメートル（cm^2）」で表すことができる。

❶ カッコにてきとうな言葉を入れましょう。

広さのことを，（ 面積 ）という。１辺が 1cm の正方形の面積を（ １平方センチメートル ）といい，（ $1cm^2$ ）と書きます。

❷ あ～えの４つのじん地の面積は，それぞれ何 cm^2 ですか。３人にせつ明し，なっとくしてもらえたらサインをもらいましょう。

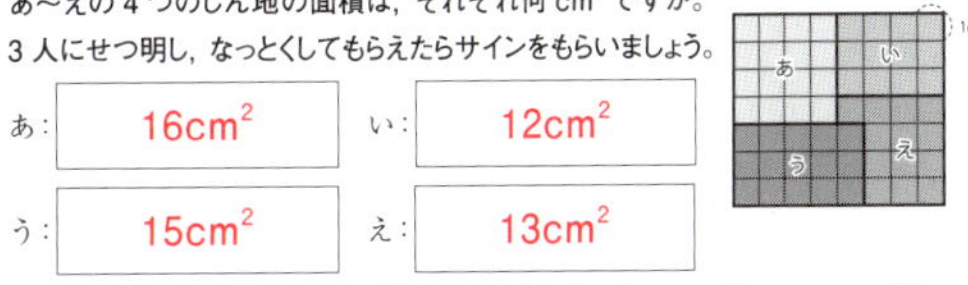

あ：$16cm^2$　い：$12cm^2$

う：$15cm^2$　え：$13cm^2$

❸ かの面積が $1cm^2$ であることをもとにして，き，く，け，この面積をせつ明しましょう。

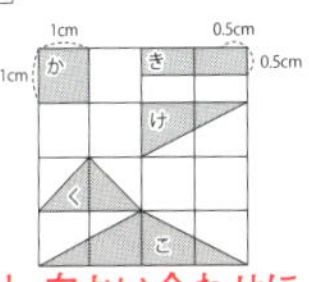

きは かの正方形を横に半分に切り取り，横にならべた形になっているため，かと同じ面積の $1cm^2$ である。

くは かの正方形を対角線で半分に切り取り，向かい合わせにならべた形になっているため，かと同じ面積の $1cm^2$ である。

けは かの正方形の２つ分の面積($2cm^2$)の長方形を対角線で半分に切った大きさであるため，$2cm^2$ の半分の $1cm^2$ である。

こは かの正方形の２つ分の面積($2cm^2$)の長方形を対角線で半分に切り取り，向かい合わせにならべた形になっているため，かの２つ分の面積と同じ $2cm^2$ である。

❹ 方眼用紙に，面積が $4cm^2$ になる形を，10 こ以上かきましょう。それを３人に見せて，正しければ，サインをもらいましょう。

友だちのサイン

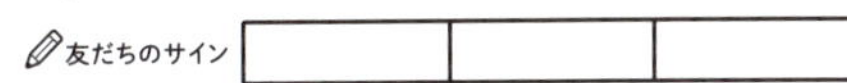

面積のはかり方と表し方 3

　　組　　番　氏名

GOAL

全員が，![]のような形でも，長方形や正方形の形をもとにして考えれば，面積を求められることをせつ明することができる。

❶ さとるさんの図を見て，さとるさんの考えを式に表しましょう。

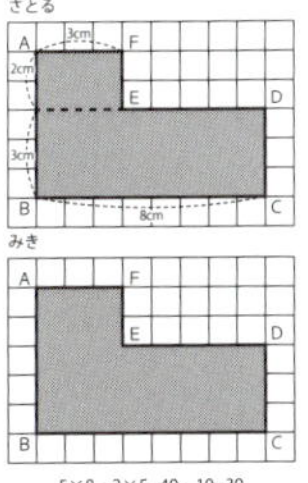
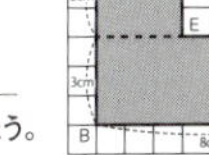

$2 \times 3 + 3 \times 8 = 30$　$30cm^2$

❷ みきさんの式を見て，みきさんの考えをせつ明しましょう。

図の右上（FED の部分）に２×５の長方形をつけたして，５×８の大きな長方形にして面積を計算し，最後につけ足した長方形を引いて計算した。

❸ ゆうこさんの図を見て，ゆうこさんの考えをせつ明しましょう。

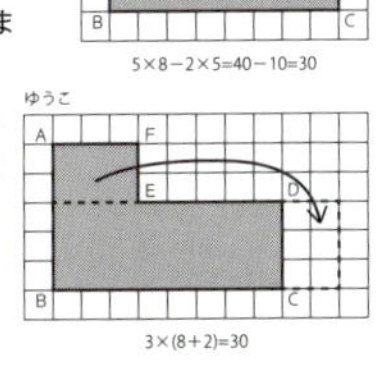

図形の上にはみ出た部分を切り取り，右はしにくっつけて，横 8＋2＝10cm とし，たて 3cm で計算をした。

❹ ３人の考えで，共通しているのはどのようなことでしょうか。

長方形として計算できるようにくふうしている。

❺ 右のような形の面積を，いろいろな方ほうで求めましょう。その方ほうを３人にせつ明し，なっとくしてもらえたらサインをもらいましょう。

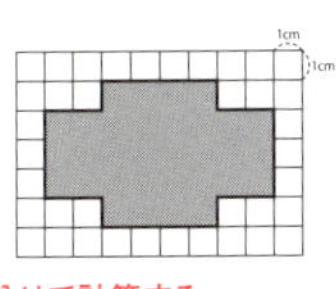

（れい）

(1×4)×2＋(3×2)×2＋3×4＝32

長方形あいうに分けて計算する

$(1 \times 4) \times 2 + (3 \times 2) \times 2 + 3 \times 4 = 32$

友だちのサイン

面積のはかり方と表し方 4

　　組　　番　氏名

GOAL

全員が，単位が m でも公式を使って面積を計算することができる。

❶ カッコにてきとうな言葉を入れましょう。

１辺が 1m の正方形の面積を（ １平方メートル ）といい，（ $1m^2$ ）と書きます。

❷ 長方形や正方形の面積の公式を使って，下の教室，理科室の面積をそれぞれ求めましょう。

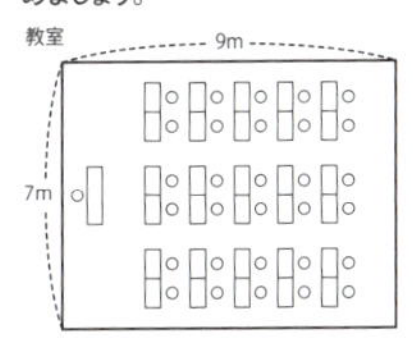

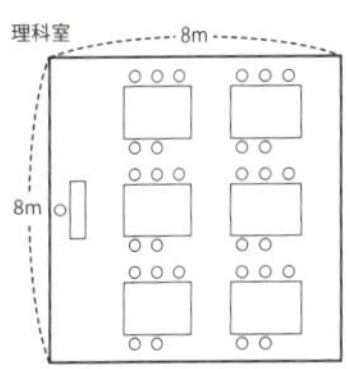

教室　$7m \times 9m = 63m^2$　理科室　$8m \times 8m = 64m^2$

❸ バレーボールのコートの半分の面は，１辺が 9m の正方形の形になっています。バレーボールコートの全体の面積を求めましょう。また，その計算の仕方を３人にせつ明し，なっとくしてもらえたらサインをもらいましょう。

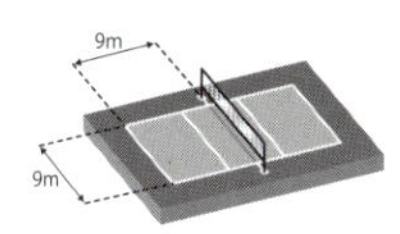

$9m \times 18m = 162m^2$

コート半分の面が 9m で，もう半分のコートを入れると一辺が 18m になるので，たて 9m と，横 18m をかけた。

$9m \times 9m \times 2$ 倍$= 162m^2$

コート半分の面積は 9m × 9m になる。全体を求めるのでそれを２倍にした。

友だちのサイン

面積のはかり方と表し方5

組　番　氏名

GOAL

全員が，面積の単位の m^2 と cm^2 の大きさの関係をせつ明することができる。

❶ カッコにてきとうな言葉や数字を入れましょう。

$1m^2$ の正方形に，$1cm^2$ の正方形が，たてには（ 100 ）こ，横には（ 100 ）こにならべることができます。

なので，100 × 100 =（ 10000 ）

$1m^2$ =（ 10000 ）cm^2

❷ 右のような長方形の形をした花だんの面積は何 m^2 ですか。また，何 cm^2 ですか。3 人にせつ明し，なっとくしてもらえたらサインをもらいましょう。

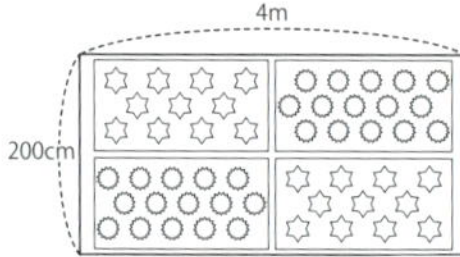

200cm を m にすると 2m になるため，
2m × 4m = $8m^2$ となる。
$1m^2$ = $10000cm^2$ なので，$8m^2$ = $80000cm^2$ となる。

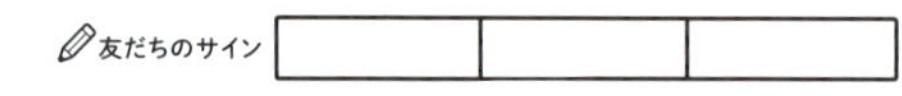

❸ 新聞紙を使って，1 辺が 1m の正方形を作りましょう。

❹ $1m^2$ に何人のれるか，❸の正方形を使ってためしてみましょう。

面積のはかり方と表し方6

組　番　氏名

GOAL

全員が，面積の単位の，a と ha，m^2 のそれぞれの大きさの関係をせつ明することができる。

❶ たてが 20m，横が 40m の長方形の形をした畑の面積は，何 m^2 ですか。

20m × 40m = $800m^2$　$800m^2$

❷ カッコにてきとうな数値や言葉を入れましょう。

$100m^2$ の面積を（ 1 アール ）といい，（ 1a ）と書きます。

❸ ❶の畑の面積は何 a ですか。

$100m^2$ が 1a（ アール ）なので，$800m^2$ は（ 8 ）a になる。

❹ 1 辺が 30m の正方形の形をした公園の面積は何 a ですか。

30m × 30m = $900m^2$　a に直すと，9a

❺ 1 辺が 300m の正方形の形をした牧場の面積は何 m^2 ですか。

300m × 300m = $90000m^2$

❻ カッコにてきとうな数値や言葉を入れましょう。

$10000m^2$ の面積を（ 1 ヘクタール ）といい，（ 1ha ）と書きます。

❼ ❺の牧場の面積は何 ha ですか。

$10000m^2$ が 1ha なので，$90000m^2$ は 9ha になる。

❽ 1ha は何 a ですか。3 人にせつ明し，なっとくしてもらえたら，サインをもらいましょう。

1ha は $10000m^2$ で，また，1a は $100m^2$ なので，
1ha は 100a になる。

友だちのサイン

小数のしくみ1

組　番　氏名

GOAL

全員が，0.1 より小さな小数の書き方と読み方をせつ明することができる。

❶ カッコにてきとうな言葉や数値を入れましょう。

0.01L の 8 こ分は，（ 0.08L ）と書き，（ れい点れい八リットル ）と読む。

❷ 0.05L，0.09L，0.1L は，それぞれ 0.01L を何こ集めた数ですか。

0.05L は 5 こ，0.09L は 9 こ，0.1L は 10 こ

❸ 右の図の水のかさは何 L ですか。

0.27L

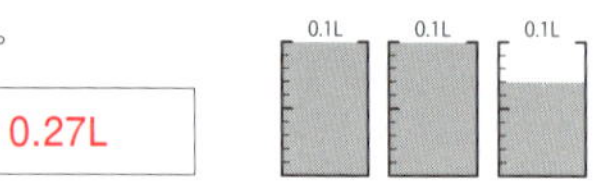

❹ 下の数直線を見て答えましょう。その答えを 3 人にせつ明し，なっとくしてもらえたらサインをもらいましょう。

(1) いちばん小さい 1 めもりは，どんな大きさを表していますか。

（0 から 0.1 までを 10 等分しているから，1 めもりは 0.01）

(2) ア，イ，ウ，エ，オのめもりが表す長さは何 m ですか。

ア：（ 0.11 ）イ：（ 0.55 ）ウ：（ 0.83 ）エ：（ 1.12 ）オ：（ 1.39 ）

(3) 0.65，1.18 を表すめもりに ↑ をかきましょう。

友だちのサイン

小数のしくみ2

組　番　氏名

GOAL

全員が，0.01 より小さな小数の書き方と読み方をせつ明することができる。

❶ カッコにてきとうな言葉や数値を入れましょう。

0.01m の $\frac{1}{10}$ を（ 0.001m ）と書き，

（ れい点れいれい一メートル ）と読む。

❷ 1.435m の 4 は何が 4 こあることを表していますか。また，3 は何が 3 こあることを表していますか。

4 は 0.1m が 4 こ　　3 は 0.01m が 3 こ

❸ 0.001m の 5 こ分は何 m ですか。

0.005m

❹ 0.003m，0.006m，0.01m は，0.001m を何こ集めた長さですか。

0.003m は 3 こ，0.006m は 6 こ，0.01m は 10 こ

❺ 下の数直線のア，イ，ウ，エのめもりが表す長さは何 m ですか。また何と読みますか。3 人にせつ明をして，なっとくしてもらえたらサインをもらいましょう。

ア（ 4.291　四点二九一 ）
イ（ 4.299　四点二九九 ）
ウ（ 4.305　四点三れい五 ）
エ（ 4.314　四点三一四 ）

友だちのサイン

小数のしくみ3

＿＿組＿＿番　氏名＿＿＿＿＿＿＿

GOAL

全員が，kg と g や，m と cm で表されている数字を，kg 単位，m 単位にまとめて表すことができる。

❶ カッコにてきとうな数値を入れましょう。

100g ……1kg の$\frac{1}{10}$………………………… 0.1kg

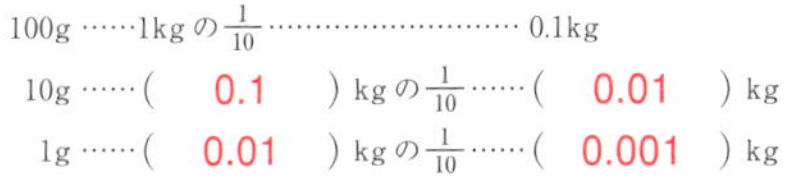

10g ……（　0.1　）kg の$\frac{1}{10}$……（　0.01　）kg

1g ……（　0.01　）kg の$\frac{1}{10}$……（　0.001　）kg

❷ 300g，20g，5g はそれぞれ何 kg ですか。

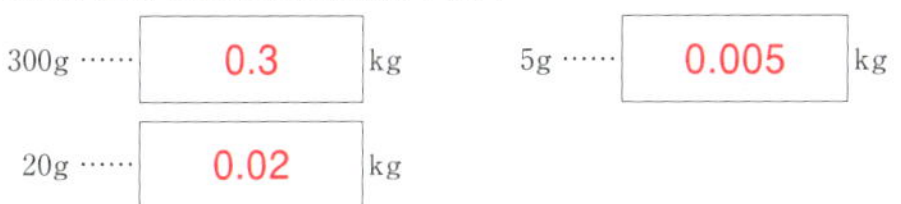

300g …… 0.3 kg　　5g …… 0.005 kg

20g …… 0.02 kg

❸ 1kg325g を，kg 単位で表しましょう。

1.325 kg

❹ 次の重さを，kg 単位で表しましょう。

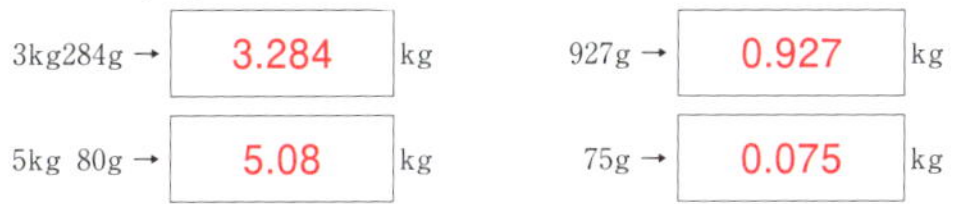

3kg284g → 3.284 kg　　927g → 0.927 kg

5kg 80g → 5.08 kg　　75g → 0.075 kg

❺ 2m72cm を m 単位で表しましょう。それを 3 人にせつ明し，なっとくしてもらえたらサインをもらいましょう。

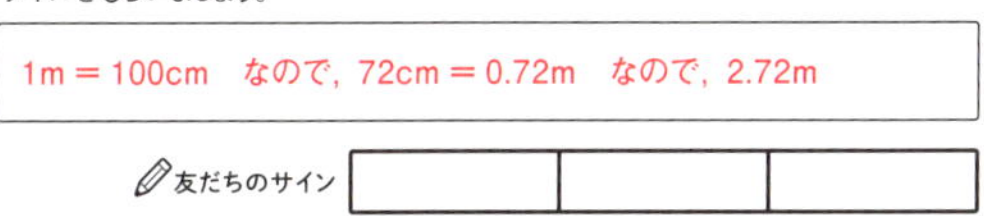

1m ＝ 100cm　なので，72cm ＝ 0.72m　なので，2.72m

友だちのサイン

小数のしくみ4

＿＿組＿＿番　氏名＿＿＿＿＿＿＿

GOAL

全員が，小数の位取りについてせつ明することができる。

❶ 4.384 は 1，0.1，0.01，0.001 をそれぞれ何こ集めた数ですか。

1 を 4 こ，0.1 を 3 こ，0.01 を 8 こ，0.001 を 4 こ集めた数。

❷ 4.384 の 3 は何の位の数字ですか。

$\frac{1}{10}$の位

❸ カッコにてきとうな言葉を入れましょう。

$\frac{1}{10}$の位の右の位を順に，（ $\frac{1}{100}$の位 ），（ $\frac{1}{1000}$の位 ）という。
また，それぞれ（ 小数第 2 位 ），（ 小数第 3 位 ）という。

❹ 9.706 は，1，0.1，0.01，0.001 をそれぞれ何こ集めた数ですか。

1 を 9 こ，0.1 を 7 こ，0.01 を 0 こ，0.001 を 6 こ集めた数。

❺ 6.078 という数字について，下の問題を 3 人にせつ明し，なっとくしてもらえたらサインをもらいましょう。

（1）$\frac{1}{100}$の位の数字は何ですか。　7

（2）8 は何の位の数字ですか。また，何が 8 こあることを表していますか。

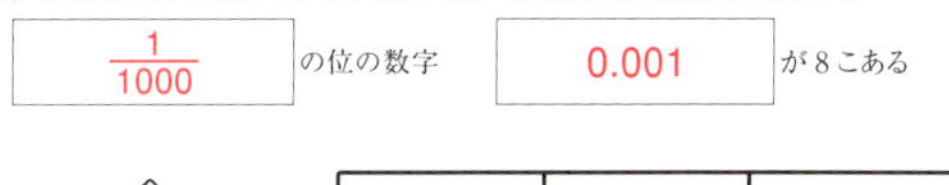

$\frac{1}{1000}$ の位の数字　0.001 が 8 こある

友だちのサイン

小数のしくみ5

＿＿組＿＿番　氏名＿＿＿＿＿＿＿

GOAL

全員が，数直線を使って，小数の大きさをくらべることができる。

次の小数の大きさをくらべましょう。

ア 3.3　イ 3.66　ウ 3.08　エ 3.8

❶ イ，ウ，エの数を右の表に書いて，ア～エの数の大きさをくらべましょう。

	一の位	$\frac{1}{10}$の位	$\frac{1}{100}$の位	$\frac{1}{1000}$の位
ア 3.30……	3	3	0	0
イ 3.66……	3	6	6	0
ウ 3.08……	3	0	8	0
エ 3.80……	3	8	0	0

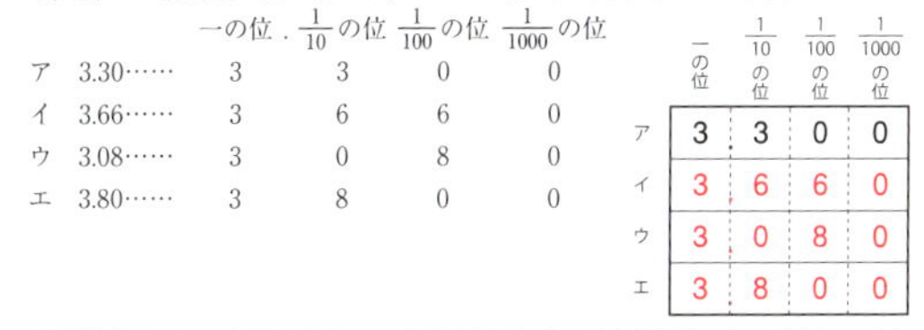

	一の位	$\frac{1}{10}$の位	$\frac{1}{100}$の位	$\frac{1}{1000}$の位
ア	3	3	0	0
イ	3	6	6	0
ウ	3	0	8	0
エ	3	8	0	0

❷ 下の数直線で，いちばん小さい 1 めもりが表している大きさはいくつですか。また❶のア，イ，ウ，エの数を表すめもりに↑をかきましょう。

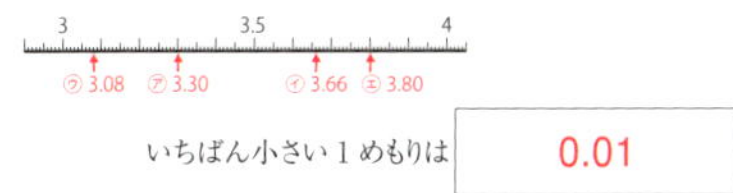

いちばん小さい 1 めもりは　0.01

❸ カッコに当てはまる不等号を書きましょう。

4.305（ ＜ ）4.32　　17.102（ ＞ ）17.08

❹ 次の数を，小さい順にならべましょう。それを数直線を使って 3 人にせつ明し，なっとくしてもらえたらサインをもらいましょう。

0.12　0　0.09　0.01　0.007

0　0.05　0.1

0　0.01　0.007　0.09　0.12

0　0.007　0.01　0.09　0.12

友だちのサイン

小数のしくみ6

＿＿組＿＿番　氏名＿＿＿＿＿＿＿

GOAL

全員が，小数のいろいろな表し方をせつ明することができる。

❶ 数直線で，いちばん小さいめもりが表している大きさはいくつですか。

0.01

❷ ❶の数直線に，3.45 を表すめもりに↑をかきましょう。

❸ 4 人それぞれの，3.45 という数字の表し方が下にあります。
カッコにてきとうな数字を入れましょう。

ひろみさん　3.45 は 3 と（ 0.45 ）をあわせた数です。

たいきさん　3.45 は 3.5 より（ 0.05 ）小さい数です。

ゆみさん　3.45 は 1 を 3 こ，0.1 を（ 4 ）こ，0.01 を（ 5 ）こあわせた数です。

じゅんさん　3.45 は 0.01 を（ 345 ）こ集めた数です。

❹ 右の数直線に，ア～オの数を表すめもりに↑をかきましょう。

ア　7 と 0.65 をあわせた数　7.65

イ　8 より 0.07 小さい数　7.93

ウ　7.5 より 0.03 大きい数　7.53

エ　0.01 を 721 こ集めた数　7.21

オ　1 を 7 こ，0.1 を 3 こ，0.01 を 4 こあわせた数　7.34

7　8

7.21 エ　7.34 オ　7.53 ウ　7.65 ア　7.93 イ

友だちのサイン

答え

変わり方調べ1

組　　番　氏名

GOAL

全員が，正三角形をいくつかならべたときの，まわりの長さの求め方をせつ明することができる。

❶ 正三角形の数とまわりの長さを，下の表にまとめましょう。

三角形１こ　２こ　３こ

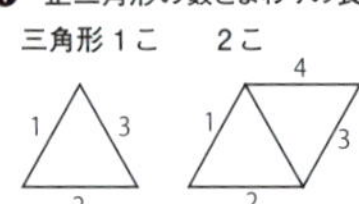

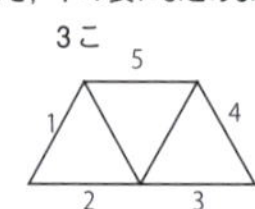

正三角形の数（こ）	1	2	3	4	5
まわりの長さ（cm）	3	4	5	6	7

❷ 正三角形の数が１ずつふえると，まわりの長さはどのように変わりますか。

（　３から１ずつふえる　）

❸ まわりの長さの数は，正三角形の数にいくつたしたものですか。

（　正三角形の数に２をたしたもの　）

❹ カッコにてきとうな数字を入れながら，正三角形の数を□こ，まわりの長さを○ cm として，□と○の関係を式に表しましょう。

正三角形の数　　まわりの長さ

1 ＋ 2 ＝ ③
2 ＋ 2 ＝（ 4 ）
3 ＋ 2 ＝（ 5 ）　［式］□＋２＝○

❺ 正三角形の数が 20 このときの，まわりの長さを求めましょう。

［式］20＋2＝22　　［答え］22cm

❻ まわりの長さが 14cm のときの，正三角形の数は何こですか。求め方を３人にせつ明し，なっとくしてもらえたらサインをもらいましょう。

□＋２＝14 という式ができるので，それをといて
□＝12　　12 こ

友だちのサイン

変わり方調べ2

組　　番　氏名

GOAL

全員が，正方形をいくつかならべたときの，まわりの長さの求め方をせつ明することができる。

❶ だんの数とまわりの長さを，下の表にまとめましょう。

1 だん　2 だん　3 だん

だんの数（だん）	1	2	3	4	5	6
まわりの長さ（cm）	4	8	12	16	20	24

❷ 上の表を見て，しんじさん，みほさんは下のようなきまりを見つけました。２人がせつ明した文章のカッコに入る数字を書きましょう。

しんじさん
だんの数が１ずつふえると，まわりの長さは（　4　）ずつふえる。

みほさん
だんの数の（　4　）倍が，まわりの長さを表す数になっている。

❸ みほさんが見つけたきまりを使って，20 だんのときの，まわりの長さを求めましょう。

［式］20 × 4 ＝ 80　　［答え］80cm

❹ カッコにてきとうな数を入れながら，だんの数を□だん，まわりの長さを○ cm として，□と○の関係を式に表しましょう。

だんの数　　まわりの長さ

1 × 4 ＝ ④
2 × 4 ＝（ 8 ）
3 × 4 ＝（ 12 ）　［式］□× 4 ＝○

❺ だんの数□が 50 だんのとき，まわりの長さ○は何 cm ですか。

［式］50 × 4 ＝ 200　　［答え］200cm

❻ まわりの長さ○が 60cm のとき，だんの数□は何だんですか。求め方を３人にせつ明し，なっとくしてもらえたらサインをもらいましょう。

□× 4 ＝ 60 という式ができるので，それをといて□＝ 15　　15 だん

友だちのサイン

小数のかけ算とわり算1

組　　番　氏名

GOAL

全員が，小数のかけ算は，はじめに 10 倍して，整数にして，計算をかんたんにしてから，積を 10 でわれば求められることをせつ明することができる。

❶ １本 0.4L 入りのジュースがあります。

（1）このジュースを６本買うと，ジュースは全部で何Ｌになりますか。下の図を参考にして式を書いて，その式になった理由も書いてみましょう。

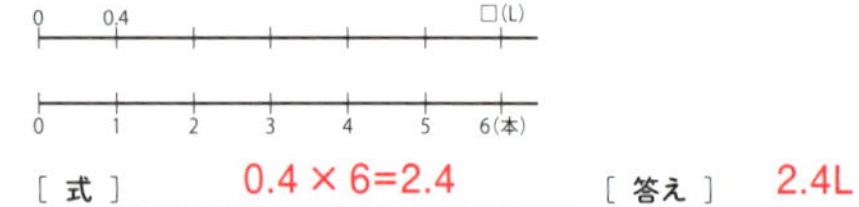

［式］0.4 × 6=2.4　　［答え］2.4L

［理由］0.4 が６つあるため

（2）下の図はしんじさんとかおりさんの考えです。それぞれの考えを３人にせつ明し，なっとくしてもらえたらサインをもらいましょう。

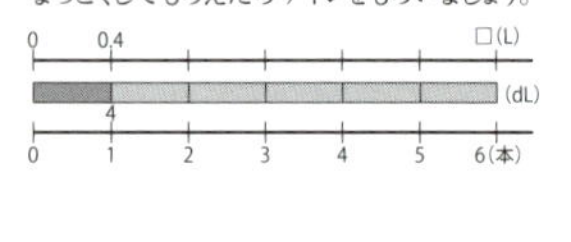

しんじさんの考え

0.4L ＝ 4dL である。
dL のたんいで考えると，
4 × 6=24　24dL=2.4L
答え 2.4L

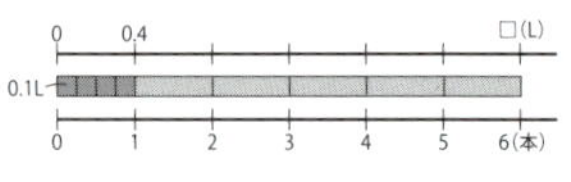

かおりさんの考え

0.4L は 0.1L を４こ集めたかさだから，0.1 をもとにもどして考えると，4 × 6=24
0.1L が 24 こ分で 2.4L
答え 2.4L

友だちのサイン

❷ 整数×整数の計算の仕方をもとにして，小数×整数の計算の仕方をせつ明した文が下にあります。カッコにてきとうな数字や言葉を入れましょう。

0.3 × 6 の積は，0.3 を（　10 倍　）して，3 × 6 の計算をし，
その積を（　10 でわれば　）求められる。

小数のかけ算とわり算2

組　　番　氏名

GOAL

全員が，小数のかけ算の筆算は，位をそろえなくても計算できることをせつ明することができる。

❶ １こで 3.7L 入るバケツがあります。このバケツ６こでは，水は全部で何Ｌ入りますか。ひろみさんの考えにてきとうな数字を入れましょう。

ひろみさんの考え

3.7 × 6 ＝ 22.2
↓10 倍　↑$\frac{1}{10}$
37 × 6 ＝ 222

❷ カッコにてきとうな数字や言葉を入れましょう。

3.7 × 6 の積も，3.7 を（　10 倍　）して，37 × 6 の計算をし，
その積を（　10 でわれば　）求められる。
3.7 × 6 ＝（　22.2　）　答え（　22.2　）L

❸ 24 × 7 ＝ 168 をもとにして，2.4 × 7 の積を求めましょう。

2.4 × 7 の積は，2.4 を 10 倍して，24 × 7 を計算すると 168 になるため，その積を 10 でわって，16.8 になることが分かる。
2.4 × 7 ＝ 16.8　　答え　16.8

❹ 練習問題をとき，そのとき方を３人にせつ明し，なっとくしてもらえたらサインをもらいましょう。

1.3 × 3 ＝3.9　　11.2 × 4 ＝44.8　　31.2 × 7 ＝218.4

（れい）1.3 を 10 倍すると 13。13 × 3 ＝ 39　その積を 10 でわって，3.9

友だちのサイン

小数のかけ算とわり算3

組　番　氏名

GOAL

全員が，小数のかけ算の筆算の仕方をせつ明することができる。

❶ 下の筆算の仕方をせつ明しましょう。

(1) 0.3 × 5 = 1.5　(2) 0.5 × 6 = 3.0　(3) 4.5 × 6 = 27.0

(1)（0.3 を 10 倍して 3 として計算し，積を 10 でわると 1.5 になる。）

(2)（0.5 を 10 倍して 5 として計算し，積を 10 でわると 3 になる。）

(3)（4.5 を 10 倍して 45 として計算し，積を 10 でわると 27 になる。）

❷ 1.5 × 53 の筆算の仕方について，下の問いに答えましょう。

1.5 × 53：45，75，79.5

(1) 45，75 は，それぞれどんな計算で求めたものですか。

45 は 1.5 を 10 倍して 15 として，3 をかけたもの

75 も 1.5 を 10 倍して 15 として，5 をかけたもの

(2) 積に小数点をうつときに，小数点の位置はどのようにして決めればよいでしょうか。右上の筆算に書きこみながらせつ明しましょう。

そのまま真下に下ろしたところにつける。

❸ 練習問題をとき，そのとき方を 3 人にせつ明し，なっとくしてもらえたらサインをもらいましょう。

0.8 × 24：32，16，19.2　　3.5 × 47：245，140，164.5　　42.5 × 13：1275，425，552.5

（れい）0.8 を 10 倍すると 8，8 × 24 ＝ 192　その積を 10 でわって，19.2

友だちのサイン

小数のかけ算とわり算4

組　番　氏名

GOAL

全員が，小数第二位の小数のかけ算の仕方をせつ明することができる。

❶ 1.36 を何倍したら 136 になりますか。

100 倍

❷ 1.25 × 8 の計算の仕方をせつ明しましょう。
また，□の中にてきとうな数字を入れましょう。

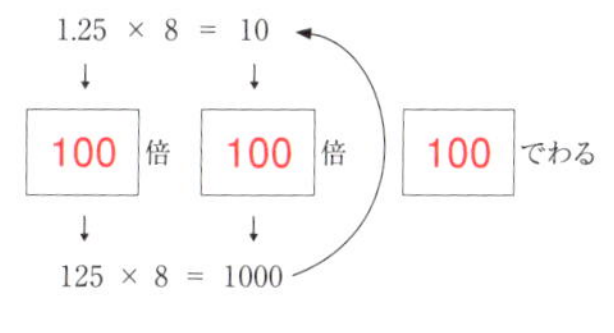

1.25 を 100 倍して 125 として，8 をかけると 1000 となる。
それを 100 でわると 10 となる。1.25 × 8 ＝ 10

❸ 512 × 4 ＝ 2048 をもとにして，5.12 × 4 の積を求め，その求め方を 3 人にせつ明し，なっとくしてもらえたらサインをもらいましょう。

5.12 を 100 倍した 512 に 4 をかけると 2048 になるため，その積を 100 でわることによって，5.12 × 4 ＝ 20.48 となることが分かる。

友だちのサイン

❹ 練習問題をとき，そのとき方を 3 人にせつ明し，なっとくしてもらえたらサインをもらいましょう。

4.21 × 5 ＝ 21.05　4.21 を 100 倍した 421 に 5 をかけると 2105 になるため，その積を 100 でわることによって，21.05 になることが分かる。

6.03 × 11 ＝ 66.33　6.03 を 100 倍した 603 に 11 をかけると 6633 になるため，その積を 100 でわることによって 66.33 になることが分かる。

5.46 × 24 ＝ 131.04　5.46 を 100 倍した 546 に 24 をかけると 13104 になるため，その積を 100 でわることによって 131.04 になることが分かる。

友だちのサイン

小数のかけ算とわり算5

組　番　氏名

GOAL

全員が，小数のわり算の筆算の仕方をせつ明することができる。

❶ 水が 7.8L あります。この水を 3 人で等分すると，1 人分は何 L になりますか。この問題の 2 人の考えが下にあります。□にてきとうな数字を入れましょう。

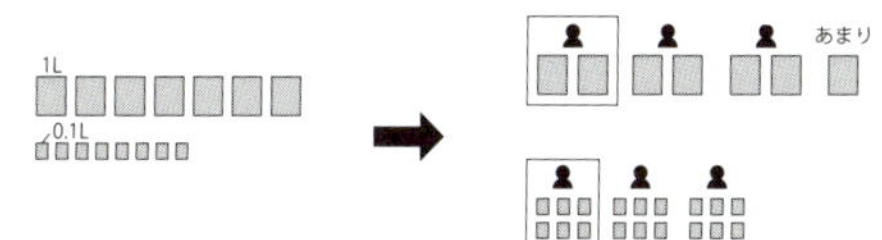

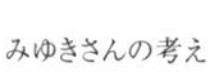

みゆきさんの考え

7.8L を 7L と 0.8L に分けて考える。
(1) 7L を 3 等分する。
7 ÷ 3 ＝ 2 あまり 1
1 人分は 2 L で，1L あまる。
残りは，1L と 0.8L で，1.8L
(2) 1.8L を 3 等分する。
1.8L は 0.1L が 18 こ分
18 ÷ 3 ＝ 6
1 人分は 0.6L
(3) 2L と 0.6 L で，2.6 L

たかしさんの考え

7.8 は，0.1 が 78 こ分なので，
78 ÷ 3 の計算をする。
78 ÷ 3 ＝ 26（6，18，18，0）
1 人分は，0.1L が，
26 こ分で，2.6 L

❷ 2.6 × 3 の計算をして，けん算をしましょう。

2.6 × 3 ＝ 7.8　（けん算　7.8 ÷ 3 ＝ 2.6）

❸ 練習問題をとき，そのとき方を 2 人にせつ明し，なっとくしてもらえたらサインをもらいましょう。

7.2 ÷ 6 ＝ 1.2（6，12，12，0）

友だちのサイン

小数のかけ算とわり算6

組　番　氏名

GOAL

全員が，8.43 ÷ 3，0.24 ÷ 6 の筆算の仕方をせつ明することができる。

❶ 右の筆算で，24はどんな数が 24 こあることを表していますか。

（0.1）

❷ 右の筆算で，6はどんな数が 6 こあることを表していますか。

（0.01）

8.46 ÷ 3 ＝ 2.82（6，24，24，6，6，0）

❸ 0.24 ÷ 6 の筆算の仕方をせつ明しましょう。

わられる数の一の位の 0 は，わることができないので，0 を書き，小数点をうってから計算を進める。$\frac{1}{10}$ の位の 2 もわる数の 6 より小さいので，0 を書き，さらに計算を進める。
24 は商 4 でちょうどわることができるため，あまりなしで，
0.24 ÷ 6 ＝ 0.04　となる。

❹ 練習問題をとき，そのとき方を 3 人にせつ明し，なっとくしてもらえたらサインをもらいましょう。

9.44 ÷ 8 ＝ 1.18（8，14，8，64，64，0）

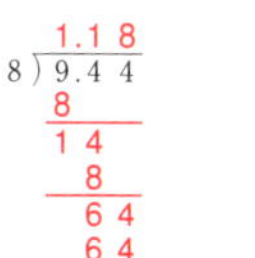

3.84 ÷ 16 ＝ 0.24（32，64，64，0）

友だちのサイン

小数のかけ算とわり算7

組　番　氏名

GOAL

全員が，あまりのある小数のわり算の筆算の仕方をせつ明することができる。

❶ 右の筆算で，いちばん下の23は，どんな数が 23 こあることを表していますか。

（ 0.1 ）

```
    1 6
4 ) 6 6.3
    4
    2 6
    2 4
      2 3
```

❷ 66.3 ÷ 4 の計算をしてあまりまで書きましょう。

66.3 ÷ 4 = 16 あまり 2.3

❸ ❷のわり算のけん算をしましょう。

4 × 16 + 2.3 = 66.3

わる数　商　あまり　わられる数

❹ 練習問題をとき，そのとき方を 3 人にせつ明し，なっとくしてもらえたらサインをもらいましょう。

（1）商を一の位まで求めて，あまりも出しましょう。また，けん算もしましょう。

```
    1 3
7 ) 9 6.3
    7
    2 6
    2 1
      5.3
```

［ けん算 ］ 7 × 13 + 5.3 = 96.3

（2）28.9m のひもがあります。このひもから 3m のひもは何本とれますか。また，何 m あまりますか。

```
    9
3 ) 2 8.9
    2 7
      1.9
```

［ 答え ］ 3m のひもは 9 本とれて，1.9m あまる。

友だちのサイン

小数のかけ算とわり算8

組　番　氏名

GOAL

全員が，小数を使って，わり算をわりきれるまで計算しつづける方ほうをせつ明することができる。

❶ 6 ÷ 4 の計算の仕方をせつ明しています。□やカッコにてきとうな数字や言葉を入れましょう。

```
(1)              (2)
      1                1.5
  4 ) 6            4 ) 6.0
      4                4
      2                2 0
                       2 0
                         0
```

（1）の2は，0.1 の（ 20 ）こ分の大きさで，計算を続けると

20 ÷ 4 =（ 5 ）となるため，6 ÷ 4 =（ 1.5 ）となる。

❷ 5 ÷ 4 の筆算で，計算をつづける仕方をせつ明しましょう。

```
(1)          (2)           (3)
    1            1.2           1.2 5
4 ) 5        4 ) 5.0       4 ) 5.0 0
    4            4             4
    1            1 0           1 0
                   8             8
                   2             2 0
                                 2 0
                                   0
```

わられる数 5 を 5.0 と考える。4 でわると一の位の商は 1 となり，1 があまる。その 1 は 0.1 が 10 こ分であるため，10 を 4 でわり，商が 2 あまりが 2 となる。

その 2 は 0.01 が 20 こ分であるため，20 を 4 でわり，商が 5 あまりなしとなる。よって，5 ÷ 4 = 1.25 あまりなし，となる。

❸ 練習問題をわりきれるまで計算し，そのとき方を 3 人にせつ明し，なっとくしてもらえたらサインをもらいましょう。

```
    0.5            6.7 5             0.2 9
8 ) 4.0        4 ) 2 7.0 0     13 ) 3.7 7
    4 0            2 4               2 6
      0              3 0             1 1 7
                     2 8             1 1 7
                       2 0               0
                       2 0
                         0
```

友だちのサイン

小数のかけ算とわり算9

組　番　氏名

GOAL

全員が，小数のわり算を，わりきれる場合は計算しつづけ，わりきれない場合は四捨五入をして計算する方ほうをせつ明することができる。

❶ 1.7 ÷ 5 の計算を，わりきれるまで計算しましょう。

わられる数の一の位の 1 は，5 ではわることができないので，0 を書き，小数点をうってから計算を進める。1.7 は 0.1 が 17 こ分と考えて，17 ÷ 5 = 3 あまり 2　となる。あまりの 2 とは，0.01 が 20 こ分と考えて，20 ÷ 5 = 4 あまりなし　となる。よって，1.7 ÷ 5 = 0.34　となる。

❷『13 ÷ 3 の答えを四捨五入して，上から 2 けたのがい数で求めましょう』という問題のせつ明が下にあります。（ ）にてきとうな数字を入れましょう。また，計算のつづきをしましょう。

```
    4.3 3
3 ) 1 3
    1 2
      1 0
        9
        1 0
          9
          1
```

上から 2 けたのがい数で求めなさい，という問題なので，上から（ 3 ）けたで四捨五入した方がよい。

❸ 練習問題の商は四捨五入して，上から 2 けたのがい数で答えなさい。そのとき方を 3 人にせつ明し，なっとくしてもらえたらサインをもらいましょう。

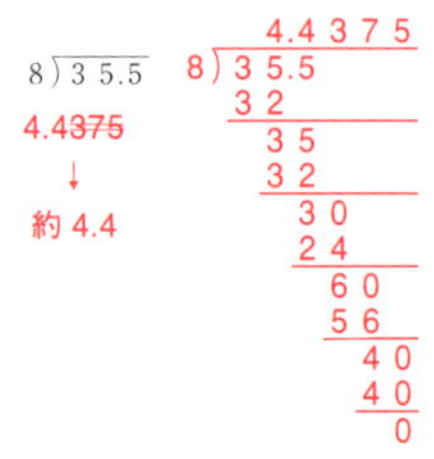

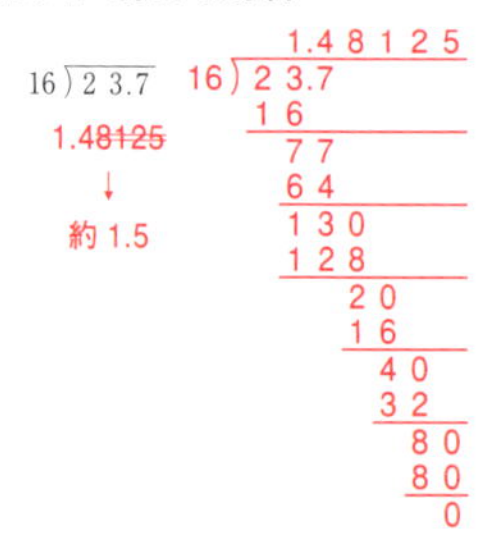


```
     1.4 8 1 2 5
16 ) 2 3.7
     1 6
       7 7
       6 4
       1 3 0
       1 2 8
           2 0
           1 6
             4 0
             3 2
               8 0
               8 0
                 0
```

友だちのサイン

分数1

組　番　氏名

GOAL

全員が，分数の表し方，「真分数」「仮分数」の意味をせつ明することができる。

❶ ア〜オの長さを，分数で表します。それぞれ何 m といえばよいでしょうか。

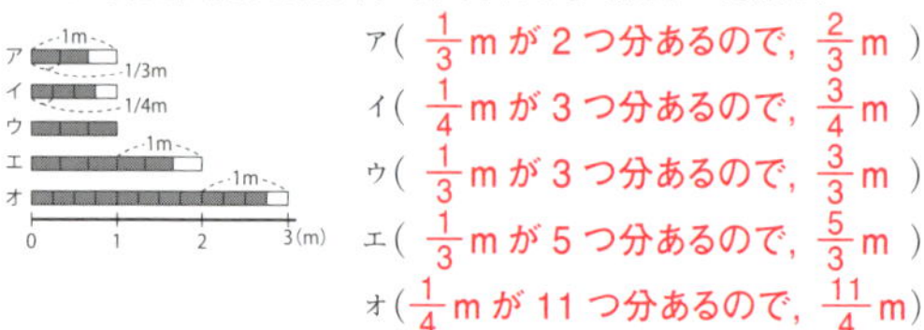

ア（ $\frac{1}{3}$ m が 2 つ分あるので，$\frac{2}{3}$ m ）

イ（ $\frac{1}{4}$ m が 3 つ分あるので，$\frac{3}{4}$ m ）

ウ（ $\frac{1}{3}$ m が 3 つ分あるので，$\frac{3}{3}$ m ）

エ（ $\frac{1}{3}$ m が 5 つ分あるので，$\frac{5}{3}$ m ）

オ（ $\frac{1}{4}$ m が 11 つ分あるので，$\frac{11}{4}$ m ）

❷ カッコにてきとうな言葉を入れましょう。

$\frac{2}{3}$ や $\frac{3}{4}$ のように，分子が分母より（ 小さい ）分数を（ 真分数 ）という。

$\frac{3}{3}$ や $\frac{5}{3}$，$\frac{11}{4}$ のように，分子と分母が（ 同じ ）か，

分子が分母より（ 大きい ）分数を（ 仮分数 ）という。

❸ $\frac{5}{3}$ m は，1m とあと何 m ですか。また，$\frac{11}{4}$ m は，2m とあと何 m ですか。

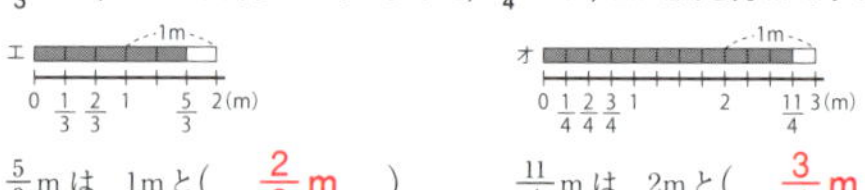

$\frac{5}{3}$ m は　1m と（ $\frac{2}{3}$ m ）　　$\frac{11}{4}$ m は　2m と（ $\frac{3}{4}$ m ）

❹ カッコにてきとうな言葉を入れましょう。

1m と $\frac{2}{3}$ m をあわせた長さを $1\frac{2}{3}$ m と書き，

（ 一と三分の二メートル ）と読みます。

❺ 2m と $\frac{3}{4}$ m をあわせた長さは何 m ですか。またどのように読みますか。3 人にせつ明し，なっとくしてもらえたらサインをもらいましょう。

$2\frac{3}{4}$ m　　（ 二と四分の三メートル ）

友だちのサイン

分数2

＿組＿番　氏名＿＿＿＿

GOAL

全員が，「帯分数」の意味や表し方をせつ明することができる。

❶ カッコにてきとうな言葉を入れましょう。

$1\frac{2}{3}$や，$2\frac{3}{4}$のように，整数と真分数の和で表されている分数を（ 帯分数 ）といいます。

❷ 右の水のかさは何Lですか。帯分数と仮分数の両方で表しましょう。

帯分数 （ $1\frac{4}{5}$ ）　仮分数 （ $\frac{9}{5}$ ）

❸ 色をぬった部分の長さを帯分数と仮分数の両方で表しましょう。

(1) 帯分数 （ $1\frac{1}{3}$ ） 仮分数 （ $\frac{4}{3}$ ）

(2) 帯分数 （ $2\frac{1}{2}$ ） 仮分数 （ $\frac{5}{2}$ ）

❹ ア～ケのめもりが表す分数はいくつですか。1より大きい分数は，仮分数と帯分数の両方で表しましょう。それを3人にせつ明し，なっとくしてもらえたらサインをもらいましょう。

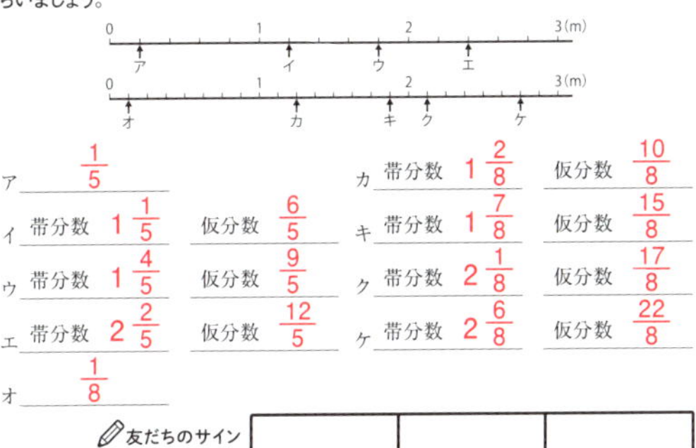

ア $\frac{1}{5}$

イ 帯分数 $1\frac{1}{5}$　仮分数 $\frac{6}{5}$

ウ 帯分数 $1\frac{4}{5}$　仮分数 $\frac{9}{5}$

エ 帯分数 $2\frac{2}{5}$　仮分数 $\frac{12}{5}$

オ $\frac{1}{8}$

カ 帯分数 $1\frac{2}{8}$　仮分数 $\frac{10}{8}$

キ 帯分数 $1\frac{7}{8}$　仮分数 $\frac{15}{8}$

ク 帯分数 $2\frac{1}{8}$　仮分数 $\frac{17}{8}$

ケ 帯分数 $2\frac{6}{8}$　仮分数 $\frac{22}{8}$

友だちのサイン

分数3

＿組＿番　氏名＿＿＿＿

GOAL

全員が，仮分数を帯分数に直す方ほうをせつ明することができる。

❶ 数直線の□に当てはまる仮分数を書きましょう。

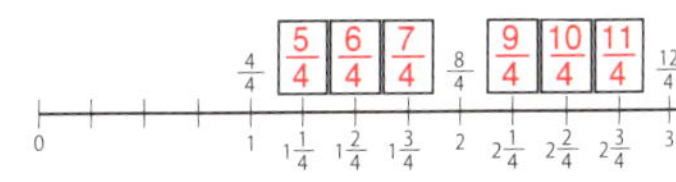

$\frac{5}{4}$　$\frac{6}{4}$　$\frac{7}{4}$　$\frac{9}{4}$　$\frac{10}{4}$　$\frac{11}{4}$

❷ 整数と大きさの等しい仮分数の分子は，どのような数ですか。

分母と同じか，2倍や3倍になっている

❸ $\frac{9}{4}$を帯分数に直す方ほうをせつ明しましょう。それを3人にせつ明し，なっとくしてもらえたらサインをもらいましょう。

$\frac{9}{4}$に$\frac{4}{4}$が何こ分あるかを考えて，9÷4＝2あまり1となり，
商の2が帯分数の整数になり，あまりの1が，真分数の分子になる。
$2\frac{1}{4}$

友だちのサイン

❹ 数直線の□に当てはまる帯分数を書きましょう。

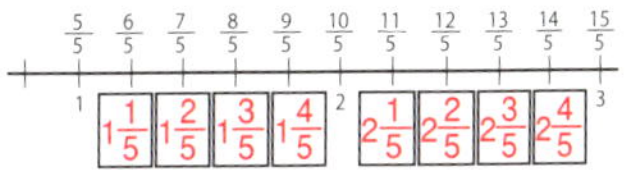

$1\frac{1}{5}$　$1\frac{2}{5}$　$1\frac{3}{5}$　$1\frac{4}{5}$　$2\frac{1}{5}$　$2\frac{2}{5}$　$2\frac{3}{5}$　$2\frac{4}{5}$

❺ 次の仮分数を帯分数か整数に直しましょう。

$\frac{9}{2}=4\frac{1}{2}$　$\frac{16}{4}=4$　$\frac{13}{5}=2\frac{3}{5}$

$\frac{15}{5}=3$　$\frac{39}{6}=6\frac{3}{6}$

分数4

＿組＿番　氏名＿＿＿＿

GOAL

全員が，帯分数を仮分数に直す方ほうをせつ明することができる。

❶ 数直線の□に当てはまる帯分数や整数を書きましょう。

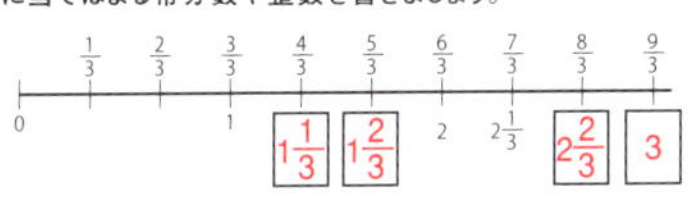

$1\frac{1}{3}$　$1\frac{2}{3}$　$2\frac{2}{3}$　3

❷ $2\frac{1}{3}$の整数部分の2は，$\frac{1}{3}$の何こ分ですか。

$2=\frac{6}{3}$　なので，6こ分

❸ $2\frac{1}{3}$を仮分数に直し，方ほうをせつ明しましょう。

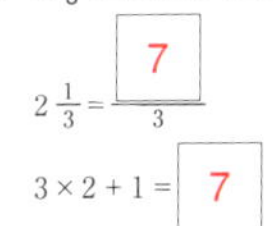

$2\frac{1}{3}=\frac{7}{3}$

$3\times2+1=7$

$2\frac{1}{3}$の整数部分の2は，$\frac{1}{3}$の6こ分であるため，$\frac{6}{3}+\frac{1}{3}=\frac{7}{3}$　となる。

❹ 数直線の□に当てはまる仮分数を書きましょう。

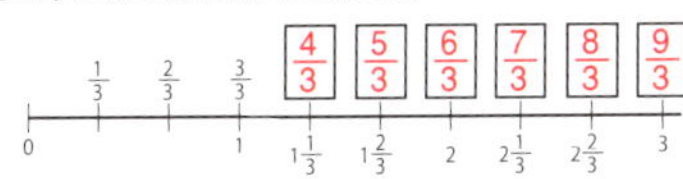

$\frac{4}{3}$　$\frac{5}{3}$　$\frac{6}{3}$　$\frac{7}{3}$　$\frac{8}{3}$　$\frac{9}{3}$

❺ $3\frac{6}{10}$を仮分数に直し，それを3人にせつ明し，なっとくしてもらえたらサインをもらいましょう。

$3\frac{6}{10}=\frac{36}{10}$

仮分数（ $\frac{36}{10}$ ）

$3\frac{36}{10}$の整数部分の3は，$\frac{1}{10}$の30こ分であるため，$\frac{30}{10}+\frac{6}{10}=\frac{36}{10}$となる。

友だちのサイン

分数5

＿組＿番　氏名＿＿＿＿

GOAL

全員が，分数のたし算とひき算の仕方をせつ明することができる。

❶ 新聞紙で，$\frac{4}{5}$ m^{2}と$\frac{3}{5}$ m^{2}の台紙をつくりました。

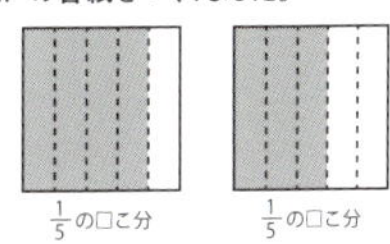

$\frac{1}{5}$の□こ分　$\frac{1}{5}$の□こ分

(1) あわせると，何m^{2}になりますか。式を書きましょう。

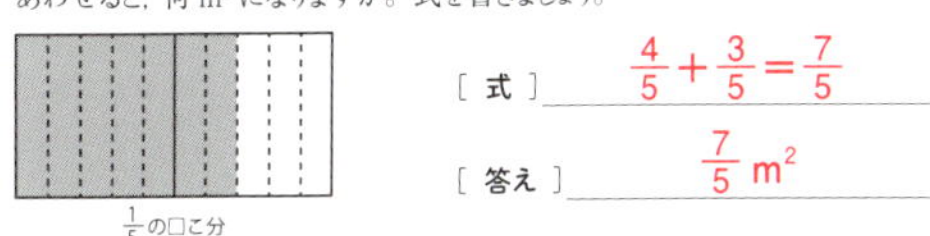

$\frac{1}{5}$の□こ分

［式］ $\frac{4}{5}+\frac{3}{5}=\frac{7}{5}$

［答え］ $\frac{7}{5}$ m^2

(2) $\frac{4}{5}$，$\frac{3}{5}$は，それぞれ$\frac{1}{5}$の何こ分ですか。

$\frac{4}{5}$は$\frac{1}{5}$の4こ分で，$\frac{3}{5}$は$\frac{1}{5}$の3こ分

❷ $\frac{7}{5}-\frac{3}{5}=\frac{4}{5}$　の計算の仕方をせつ明しましょう。

$\frac{7}{5}$は$\frac{1}{5}$の7こ分で，$\frac{3}{5}$は$\frac{1}{5}$の3こ分
7こ分から3こ分をひくと4になるため，$\frac{7}{5}-\frac{3}{5}=\frac{4}{5}$　となる。

❸ 下の練習問題をとき，それを3人にせつ明し，なっとくしてもらえたらサインをもらいましょう。

$\frac{3}{5}+\frac{3}{5}=\frac{6}{5}=1\frac{1}{5}$　　$\frac{3}{7}+\frac{6}{7}=\frac{9}{7}=1\frac{2}{7}$

$\frac{7}{3}-\frac{3}{3}=\frac{4}{3}=1\frac{1}{3}$　　$\frac{12}{5}-\frac{6}{5}=\frac{6}{5}=1\frac{1}{5}$

友だちのサイン

答え

分数6

組　　番　氏名

GOAL

全員が，帯分数のたし算は，整数と真分数に分ける方ほうと，仮分数にしてから計算する方ほうがあることをせつ明することができる。

❶ $1\frac{2}{5}+3\frac{1}{5}$ の問題をけんじさんとさとみさんが下のように計算しました。それぞれの考えをせつ明しましょう。

けんじさんの考え

$1\frac{2}{5}+3\frac{1}{5}=4+\frac{3}{5}=4\frac{3}{5}$

［せつ明］
帯分数を整数と真分数に分けて、計算している。

さとみさんの考え

$1\frac{2}{5}+3\frac{1}{5}=\frac{7}{5}+\frac{16}{5}=\frac{23}{5}$

［せつ明］
帯分数を、仮分数に直してから計算している。

❷ $3\frac{4}{5}$ と $\frac{19}{5}$ が等しいことをせつ明しましょう。

$\frac{19}{5}$ を帯分数に直すと，19 ÷ 5 = 3 あまり 4　となり，整数が 3，分子が 4 となるため，$\frac{19}{5}=3\frac{4}{5}$　となり等しいことが分かる。

❸ $1\frac{2}{5}+\frac{4}{5}=1\frac{6}{5}=2\frac{1}{5}$　この計算の仕方をせつ明しましょう。それを 3 人にせつ明し，なっとくしてもらえたらサインをもらいましょう。

整数と真分数にわけて計算すると，分数部分が $\frac{6}{5}$ と仮分数になり，それを帯分数に直すと，$1\frac{1}{5}$ になるため，$1+1\frac{1}{5}=2\frac{1}{5}$　となる。

友だちのサイン

❹ 練習問題をときましょう。

$1\frac{1}{5}+2\frac{3}{5}=\frac{19}{5}=3\frac{4}{5}$　　$2\frac{2}{3}+1\frac{1}{3}=\frac{12}{3}=4$

$\frac{11}{4}+\frac{9}{4}=\frac{20}{4}=5$　　$\frac{12}{7}+2\frac{6}{7}=\frac{32}{7}=4\frac{4}{7}$

直方体と立方体1

組　　番　氏名

GOAL

全員が，直方体と立方体のとくちょうとちがいが分かる。

❶ カッコに当てはまる言葉を書きましょう。

長方形だけでかこまれた形や，長方形と正方形でかこまれた形を（ 直方体 ）といいます。

立方体は（ 正方形 ）だけでかこまれた形です。

❷ カッコに当てはまる言葉を書きましょう。

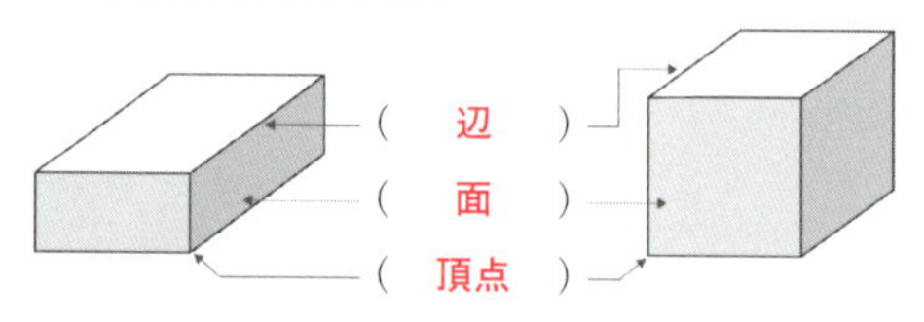

❸ ❷の図を見て次の表を完成させましょう。

	面の数	辺の数	頂点の数
直方体	6	12	8
立方体	6	12	8

プリントの解答を 3 人にせつ明し，なっとくしてもらえたらサインをもらいましょう。

友だちのサイン

直方体と立方体2

組　　番　氏名

GOAL

全員が，展開図の見方やかき方が分かる。

❶ 下のような直方体の展開図のつづきをかきましょう。

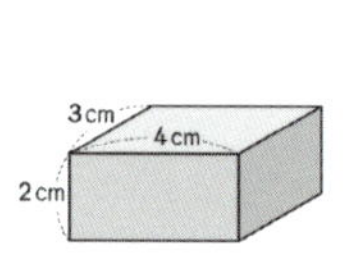

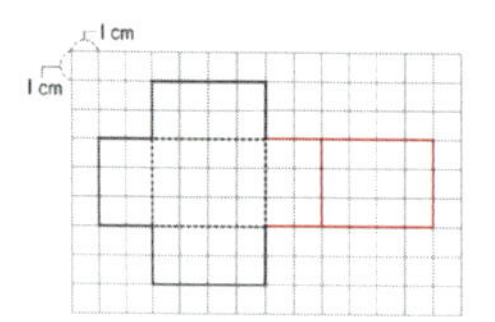

❷ 立方体の展開図を選んで記号で答えましょう。

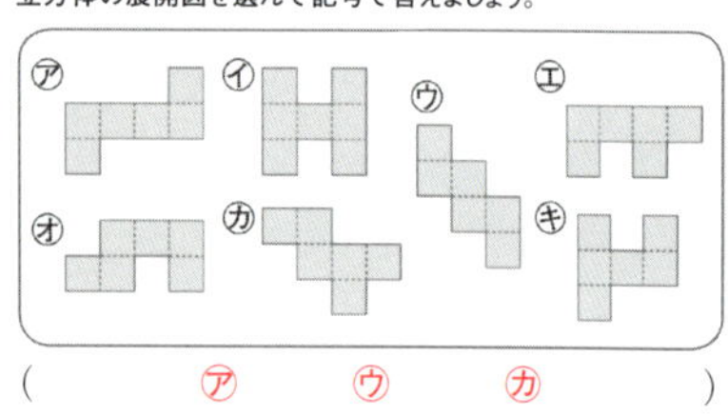

（ ㋐　㋒　㋕ ）

❸ 下の直方体の展開図を組み立てると，点や辺はどこと重なるでしょう。

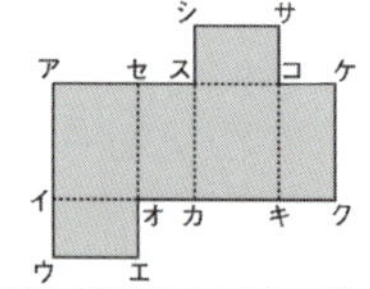

(1) 点エと重なる点はどれですか。
（ 点カ ）

(2) 辺アセと重なる辺はどれですか。
（ 辺サシ ）

プリントの解答を 3 人にせつ明し，なっとくしてもらえたらサインをもらいましょう。

友だちのサイン

直方体と立方体3

組　　番　氏名

GOAL

全員が，面や辺の垂直と平行の関係が分かる。

❶ 下の直方体の面や辺の交わり方やならび方を調べましょう。

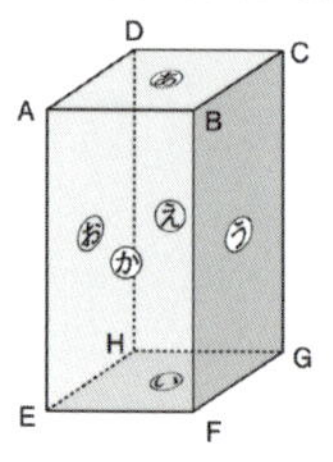

(1) 面㋒に平行な面はどれですか。
（ 面㋔ ）

(2) 面㋓に垂直な面はどれですか。
（ 面㋐，面㋑，面㋒，面㋔ ）

(3) 辺 AB に平行な辺はどれですか。
（ 辺 CD，辺 EF，辺 HG ）

(4) 頂点 D を通って，辺 DH に垂直な辺はどれですか。
（ 辺 AD，辺 CD ）

❷ 右の立方体の面と辺の交わり方を調べましょう。

(1) 辺 AE のほかに，面㋐に垂直な辺はどれですか。
（ 辺 BF，辺 CG，辺 DH ）

(2) 面㋔のほかに，辺 EF に垂直な面はどれですか。
（ 面㋒ ）

❸ 右の立方体の展開図を組み立てると，点や辺はどこと重なるでしょう。

辺スコに垂直な面はどれですか。
（ 面㋒，面㋔ ）

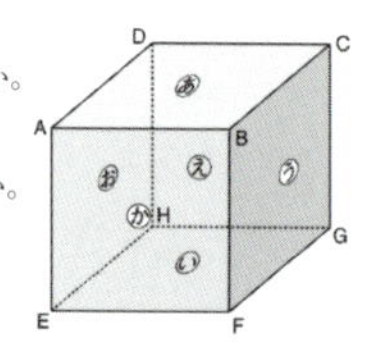

プリントの解答を 3 人にせつ明し，なっとくしてもらえたらサインをもらいましょう。

友だちのサイン

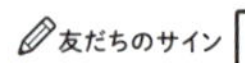

直方体と立方体4

＿＿組＿＿番　氏名＿＿＿＿＿＿

GOAL

全員が，見取図の見方やかき方が分かる。

❶ 空らんに当てはまる言葉を書きましょう。

（1）立方体や直方体などの全体の形が分かるようにかいた図を，［見取図］といいます。

（2）直方体の大きさは，1 つの頂点に集まっている，［たて］，横，高さの 3 つの辺の長さによって決まります。

❷ 下の図のつづきをかいて，見取図を完成させましょう。
見えない辺は点線でかきましょう。

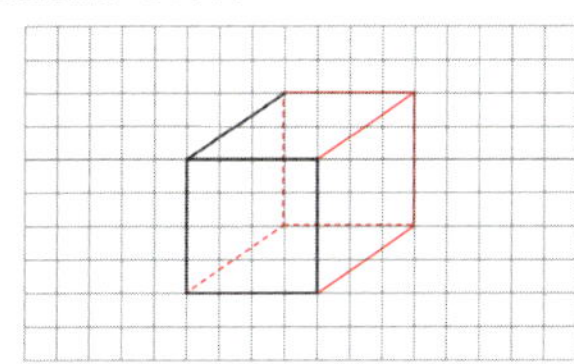

❸ 下のような直方体の見取図のつづきをかきましょう。

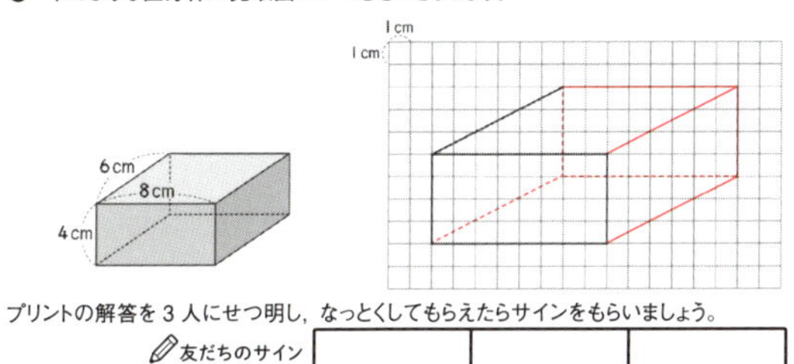

プリントの解答を 3 人にせつ明し，なっとくしてもらえたらサインをもらいましょう。

友だちのサイン

直方体と立方体5

＿＿組＿＿番　氏名＿＿＿＿＿＿

GOAL

全員が，平面上や空間にある点の位置の表し方が分かる。

❶ 空らんに当てはまる数を書きましょう。

（1）平面上の点の位置は，［2］つの長さの組で表せます。

（2）空間上の点の位置は，［3］つの長さの組で表せます。

❷ 右の図を見て，答えましょう。

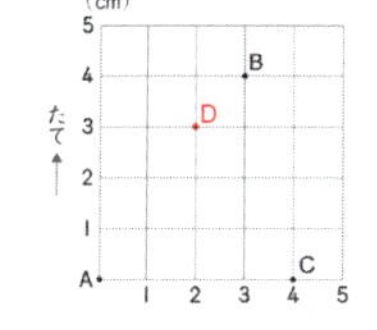

（1）点 A をもとにして，点 B の位置を，横とたての長さで表しましょう。
（ たて　4cm　，横　3cm　）

（2）点 A をもとにして，点 C の位置を，横とたての長さで表しましょう。
（ たて　0cm　，横　4cm　）

（3）点 A をもとにして，点 D（横 2cm，たて 3cm）を図の中にかきましょう。

❸ 下の直方体を見て，答えましょう。

（1）頂点 E をもとにして，頂点 G の位置を，横とたての長さと高さで表しましょう。
（横　8cm　，たて　2cm　，高さ　0cm　）

（2）頂点 E をもとにして，頂点 C の位置を，横とたての長さと高さで表しましょう。
（横　8cm　，たて　2cm　，高さ　4cm　）

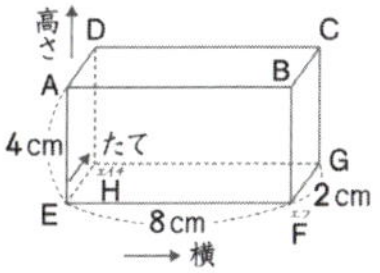

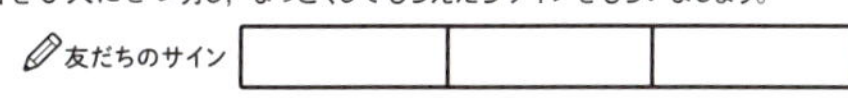

プリントの解答を 3 人にせつ明し，なっとくしてもらえたらサインをもらいましょう。

友だちのサイン

執　筆　仲本卓史

協　力　株式会社 教育同人社
編　集　ナイスク（http://naisg.com）
　　　　松尾里央　高作真紀　鈴木英里子　杉中美砂　谷口蒼
装　丁　mika
本文フォーマット／デザイン　佐々木志帆（ナイスク）
D T P　株式会社 明昌堂

小学校　算数

『学び合い』を成功させる課題プリント集　4年生

2018（平成30）年4月16日　初版第1刷発行

編著者　西川　純・木村 薫
発行者　錦織圭之介
発行所　株式会社 東洋館出版社
　　　　〒113-0021 東京都文京区本駒込 5-16-7
　　　　営業部　TEL 03-3823-9206 / FAX 03-3823-9208
　　　　編集部　TEL 03-3823-9207 / FAX 03-3823-9209
　　　　振　替　00180-7-96823
　　　　http://www.toyokan.co.jp/

印刷・製本　藤原印刷株式会社
ISBN978-4-491-03522-2
Printed in Japan